《城市公共汽车和电车客运管理规定》释义

本书编写组　编

人民交通出版社股份有限公司
China Communications Press Co.,Ltd.

内 容 提 要

本书采取逐条释义的方式,详细阐述了《城市公共汽车和电车客运管理规定》(交通运输部令2017年第5号)中各条文的具体内涵、制定依据,明确了城市公共汽车和电车客运的管理主体和责任义务,以及对运营企业和从业人员的相关要求。本书在部分条款释义中增加了国内外城市公共汽车和电车客运在行业管理、企业运营、从业人员服务等方面的案例、资料等,便于读者参考、对照、借鉴。

本书对于城市交通运输主管部门包括公共交通主管部门、城市公共汽电车运营企业等单位的相关人员全面理解和正确执行《城市公共汽车和电车客运管理规定》具有较强的指导作用,也可供城市公共交通研究人员和社会公众学习参考。

图书在版编目(CIP)数据

《城市公共汽车和电车客运管理规定》释义 /《〈城市公共汽车和电车客运管理规定〉释义》编写组编. —北京:人民交通出版社股份有限公司, 2017.4

ISBN 978-7-114-13784-6

Ⅰ.①城… Ⅱ.①城… Ⅲ.①公共汽车—客运管理—中国 ②电车—客运管理—中国 Ⅳ.①F572.7

中国版本图书馆 CIP 数据核字(2017)第 069243 号

Chengshi Gonggong Qiche he Dianche Keyun Guanli Guiding Shiyi

书 名	《城市公共汽车和电车客运管理规定》释义
著 作 者	本书编写组
责任编辑	杨丽改
出版发行	人民交通出版社股份有限公司
地 址	(100011)北京市朝阳区安定门外外馆斜街3号
网 址	http://www.ccpress.com.cn
销售电话	(010)59757973
总 经 销	人民交通出版社股份有限公司发行部
经 销	各地新华书店
印 刷	北京虎彩文化传播有限公司
开 本	720×960 1/16
印 张	9.75
字 数	140 千
版 次	2017 年 4 月 第 1 版
印 次	2023 年 6 月 第 4 次印刷
书 号	ISBN 978-7-114-13784-6
定 价	36.00 元

(有印刷、装订质量问题的图书,由本公司负责调换)

前言
Qianyan

　　城市公共汽电车客运是为社会公众提供的最基本的出行方式之一,是关乎社会公众切身利益的普遍服务和民生工程。截至 2016 年年底,全国共有城市公共汽电车 60 余万台,运营企业近 4000 户,从业人员 130 余万人,年完成客运量 700 多亿人次,是城市公共交通的重要组成部分,为社会公众日常出行提供基础运输服务保障。

　　2008 年国务院大部门体制改革后,交通运输部负责指导全国城市公共汽电车行业管理工作,各地也按照改革精神相继完成了城市公共汽电车管理体制改革。2012 年 12 月,国务院发布了《国务院关于城市优先发展公共交通的指导意见》(国发〔2012〕64 号),明确了城市公共交通优先发展战略在其规划、建设和运营等方面的有关政策要求。为履行好指导城市客运管理职责,结合城市公共交通发展形势的变化,有必要制定、出台规范城市公交的部门规章,明确城市公共汽电车客运的基本制度和服务要求,为规范城市公共汽电车客运健康发展提供基础支撑。

　　2017 年 3 月 7 日,交通运输部以 2017 年第 5 号令颁布了《城市公共汽车和电车客运管理规定》(以下简称《规定》),《规定》自 2017 年 5 月 1 日起施行。《规定》依据国发〔2012〕64 号文件精神,按照国家推进简政放权、放管结合、优化服务改革以及推进供给侧结构性改革的总体部署,对城市公共汽电车规划与建设、运营管理、运营服务、运营安全、监督检查等各个环节做出了制度安排和规范。《规定》的颁布实施,对于全面落实公交优先发展战略、改进提升城市公交服务水平、推进实现城市公交治理体系和治理能力现代化等具有重要意义。

为便于有关交通运输主管部门、城市公共交通主管部门、公交运营企业和从业人员等更好地理解《规定》的相关内容，认真做好贯彻实施的工作，我们组织编写了《〈城市公共汽车和电车客运管理规定〉释义》，对《规定》条文的法律依据、内涵及要求进行了解读，并增加了有关典型案例和参阅资料。相信本书能够帮助大家进一步准确把握《规定》的精神实质和内涵，并科学运用到城市公共汽电车客运管理和服务活动中，为促进城市公共交通健康有序发展提供有力保障。

本书编写组
2017 年 4 月

目 录
Mulu

《城市公共汽车和电车客运管理规定》释义

第一章　总　　则

【条文】

第一条　为规范城市公共汽车和电车客运活动，保障运营安全，提高服务质量，促进城市公共汽车和电车客运事业健康有序发展，依据《国务院关于城市优先发展公共交通的指导意见》（国发〔2012〕64号），制定本规定。

【释义】

本条规定了制定《规定》的立法目的和依据。

一、制定《规定》的必要性

随着社会经济的快速发展，我国城市公共汽电车客运行业的发展规模不断壮大，城市公共汽电车已成为公众最基本的出行方式之一，在城市社会经济发展和公众日常生活中发挥着越来越重要的作用。截至2016年年底，全国共有公共汽电车企业近4000户，从业人员130余万人，运营车辆数60多万台，年完成客运量700多亿人次，城市公共汽电车为公众日常交通出行提供了基础性保障。

在取得发展成绩的同时也应看到，我国城市公共汽电车发展过程中还面临着一些亟待解决的问题：

1. 法律法规体系还不健全

2012年，国务院发布了《国务院关于城市优先发展公共交通的指导意见》（国发〔2012〕64号），确立了城市公共交通优先发展的基本政策框架，但仍需要制定一系列法规予以配套落实。目前，《城市公共交通管理条例》正在抓紧研究制定。考虑到立法建设周期长，按照急用先行的原则，交通运输部于 2017 年 3 月颁布了《城市公共汽车和电车客运管理规定》，为城市公共汽电车行业的管理提供法律依据。

2. 城市公共汽电车客运呈现多样化发展态势，管理依据有待明确

为满足人民群众日益增长的个性化、多样化出行需求，城市公共交通服务模式和服务方式不断创新，定制巴士、商务快巴、旅游专线、学生专线、社区巴士、微循环公交、夜间公交等多种特色运营形式相继出现，如何界定这些新模式、新业态，实施规范化管理，需要进一步明确相应的管理政策和依据。

3. 公交优先战略的落实有待深化

经过多年来的宣传贯彻，公交优先战略已经更加深入人心，但一些涉及公交全局发展的关键环节，还有待进一步完善相关制度。包括如何贯彻公交引领城市发展理念，如何更好地发挥公交规划的调控引领作用，如何正确处理好公共汽电车线网规划与城市总体规划、控制性详规及城市公共交通规划等之间的衔接协调，如何更好地优化调整城市公交线网布局方便百姓出行，如何建立完善可持续的公交财政投入体系，如何加快建立适度竞争的线路资源配置模式等，仍是需要集中攻克的发展难点。

4. 城市公共汽电车客运服务质量有待提升

作为与人民群众生产生活息息相关的基础性服务型行业，城市公共汽电车客运还存在服务模式相对单一、服务质量有待提高、对有车族的吸引力不强，"等车时间长、行车速度慢、换乘不方便"等问题，城市公共汽电车客运服务水平距离公众期盼还存在一定的差距。

在此背景下，《规定》的出台具有以下重要意义：

一是为指导城市公共汽电车客运健康有序发展提供管理依据。二是为全面落实公交优先发展战略，支撑新型城镇化发展提供基础保障。三是为推进实现城市公共汽电车客运治理体系和治理能力现代化奠定基础。

二、制定《规定》的立法目的

1. 规范城市公共汽车和电车客运活动

城市公共汽电车客运活动与社会经济发展、城市人民群众利益都密切

相关，是城市生产生活的重要基础条件。由于缺乏上位法依据，全国各地对城市公共汽电车行业的管理存在差异，不利于公交优先政策的落地和行业健康发展。例如在线路运营权管理方面，有参照《中华人民共和国道路运输条例》的许可制管理，有参照《基础设施和公用事业特许经营管理办法》的特许经营管理，还有以公交企业为主导报备的备案制管理。《规定》从总则、规划建设、运营管理、运营服务、运营安全、监督检查、法律责任等方面对行业管理的各方面、各关键环节予以规范。

2. 保障运营安全

习近平总书记指出："发展决不能以牺牲人的生命为代价，这必须作为一条不可逾越的红线""坚持管行业必须管安全，管业务必须管安全。"城市公共汽电车客运是城市综合运输体系中的重要一环，安全运营是行业发展的底线。城市公共汽电车每天为城市人民提供安全、便捷、经济、高效的城市出行服务，涉及的乘客数量大，承担的客运运输任务重，平均每天完成约 2 亿人次的乘客运输量。城市公共汽电车开放程度高，参与人员众多，安全风险管理的压力巨大，也容易成为不法分子报复社会的工具，安全防范难度极大。《规定》把保障运营安全作为立法目的之一放在突出位置，在第四章、第五章针对安全生产的主体责任、人员要求、安全应急预案编制等做出了明确规定。

3. 提高服务质量

服务是交通运输业的根本属性，是行业发展的永恒主题。城市公共汽电车客运服务质量的高低是老百姓是否满意的直接指标，是决定行业健康可持续发展的重要因素。日常交通出行是城市居民的基本需求，我国城市人口总量大、居住密度高、人均土地资源匮乏，近年来，随着社会经济发展水平的不断提升，私人小汽车快速增长，城市交通拥堵状况加重，拥堵现象向中小城市蔓延，要解决城市交通拥堵等"城市病"，大力发展公共交通已经成为社会共识。但当前城市公共汽电车客运行业还存在准点率不高、车况不佳、舒适度不高等问题，优先公交、绿色出行尚未成为常态。为此，要让社会优选公交成为一种共识，必须进一步提升城市公共汽电车客运的服务质量。《规定》围绕提高服务质量在第三章、第四章做出了明确规定。

4. 促进城市公共汽车和电车客运事业健康发展

促进城市公共汽电车客运事业发展，与规范城市公共汽电车客运活动、保障运营安全、提高服务质量有机结合、相辅相成。规范的城市公共汽电车客运市场秩序、安全的运营环境，高品质的运营服务，将满足人们的日常及其他交通出行需求，吸引更多用户选择城市公共汽电车交通方式出行，也有利于改变和优化城市交通出行结构，更有利于促进和实现城市公共汽电车客运事业健康、有序、可持续的发展。

三、制定《规定》的依据

《规定》第一条明确指出，《国务院关于城市优先发展公共交通的指导意见》（国发〔2012〕64 号）是制定《规定》的依据。作为指导我国城市公共交通优先发展的纲领性文件，国发〔2012〕64 号文件从发展理念、发展原则、发展目标、发展政策、发展机制等方面，为城市优先发展公共交通指明了方向，也是制定本《规定》的重要政策性依据。公交优先，就是百姓优先，城市公共交通是社会公众日常出行的最基本交通方式，解决的是社会公众"衣食住行"的基本生活需求，与公共医疗、义务教育等社会福利一样，是政府应当提供的、人人均应享有的基本公共服务。大力发展城市公共交通，让更多人得到平等的交通出行权和公共资源使用权，保障了大多数人的利益，体现了社会的公平正义，关系着国计民生和社会的和谐稳定，关系着人民群众的根本利益。《规定》的出台，有利于进一步落实好城市公共交通优先发展理念，突出城市公交的公益属性。

除了国发〔2012〕64 号文件外，制定本《规定》的相关依据还包括：《中华人民共和国安全生产法》（以下简称《安全生产法》）、《中华人民共和国行政许可法》《基础设施和公用事业特许经营管理办法》（国家发展改革委、财政部、住房城乡建设部、交通运输部、水利部、人民银行令2015 年第 25 号）等法律、规章，同时，《规定》还体现了落实中央城市工作会议、《中华人民共和国国民经济和社会发展第十三个五年规划纲要》和《城市公共交通"十三五"发展纲要》（交运发〔2016〕126 号）等文件的有关精神和要求。

【条文】

第二条 从事城市公共汽车和电车（以下简称城市公共汽电车）客运的服务提供、运营管理、设施设备维护、安全保障等活动，应当遵守本规定。

本规定所称城市公共汽电车客运，是指在城市人民政府确定的区域内，运用符合国家有关标准和规定的公共汽电车车辆和城市公共汽电车客运服务设施，按照核准的线路、站点、时间和票价运营，为社会公众提供基本出行服务的活动。

本规定所称城市公共汽电车客运服务设施，是指保障城市公共汽电车客运服务的停车场、保养场、站务用房、候车亭、站台、站牌以及加油（气）站、电车触线网、整流站和电动公交车充电设施等相关设施。

【释义】

本条是关于本《规定》适用范围的规定。

一、《规定》的适用范围

一是明确了《规定》适用的运输工具类型。本条第一款明确了本《规定》适用于城市公共汽车和电车客运相关活动，按照现行分类标准，具体可包括公共汽车（含常规公共汽车、快速公共汽车）和无轨电车作为载运工具的公共运输活动。城市轨道交通（地铁、轻轨、有轨电车等）不属于本《规定》调整的范围。其中，常规城市公共汽电车客运是以常规城市公共汽车或者电车为载运工具，并且沿固定线路、按固定频次运行的客运方式。快速公共汽车交通（Bus Rapid Transit，BRT）是以大容量、高性能公共汽电车沿专用车道运行，有专用站台，实现站外售票、乘客水平乘降，并由智能调度系统、优先通行信号系统和乘客信息服务系统控制的快速公共交通方式。无轨电车是由架空接触网提供电源，由电力驱动不依赖固定轨道行驶的公共交通工具。

二是明确了《规定》适用的具体活动范围。具体包括城市公共汽电车客运的服务提供、运营管理、设施设备维护、安全保障四个方面。

二、明确了城市公共汽电车客运的边界

本条第二款规定了城市公共汽电车客运需具备四个基本要素特征：一是运营范围需"在城市人民政府确定的区域内"；二是服务设施需"运用

符合国家有关标准和规定的公共汽电车车辆和城市公共汽电车客运服务设施";三是按照核准的线路、站点、时间和票价运营;四是为社会公众提供基本出行。要认定为城市公共汽电车客运,以上四个要素,缺一不可。

1. 运营范围

本条明确了城市人民政府对城市公共汽电车客运服务边界的界定。城市公共汽电车客运运营范围,应由城市人民政府依据城市区划、城市形态、公众出行习惯、现有城市公交线网布局和基本公共服务供给能力等因素,进行综合认定。近年来,随着城乡交通运输一体化的稳步推进,越来越多的道路客运实施公交化改造,城市群、都市圈快速发展,城市公交逐步向城乡、城镇延伸和覆盖,涌现了"城乡公交""城镇公交""城际公交"等不同模式,已打破按照传统行政管理区域进行是否属于公交客运的判定模式,对于这一类型,需要相关的城市人民政府共同协商确定是否属于公共汽电车客运的范畴。

2. 运载工具和服务设施

从事城市公共汽电车客运活动的车辆和服务设施,需要符合国家有关标准和规定。其中,《机动车运行安全技术条件》(GB 7258—2012)中,规定公共汽车是为城市内运输乘客设计和制造的客车,按照是否设有乘客站立区,分为两类:一是设有座椅及乘客站立区的公共汽车,即最大设计车速小于70公里/小时,并有足够的空间供频繁停站时乘客上下车走动,有固定的线路和车站,主要在城市建成区运营的客车,也包括无轨电车,即以电动机驱动,与电力线相连的客车。二是未设置乘客站立区的公共汽车,即未设置乘客站立区,有固定的线路和车站,主要在城市道路运营的客车。《公共汽车类型划分及等级评定》(JT/T 888—2014)在上述国家标准基础上,对城市公共汽车的相关技术要求作了进一步规范。此外,《城市公共汽电车客运服务规范》(GB/T 22484—2016)对城市公共汽电车运营车辆进行了规定:车辆的等级和配置应符合《公共汽车类型划分及等级评定》(JT/T 888—2014)的规定,车载服务终端应符合《城市公共交通调度车载信息终端》(GB/T 26766—2011)、《城市公共交通调度车载信息终端与调度中心间数据通信协议》(GB/T 28787—2012)的规定。车辆的安全性能应符合《机动车运行安全技术条件》(GB 7258—2012)的规定。标志应醒目、齐全,便于识别。标志内容应按照《城市公共交通标志 第2部分：一般图形符号和安全标志》（GB/T 5845.2—2008）要求。尾气排放应符合《点燃式发动机汽车排气污染物排放限值及测量方法（双怠速法及简易工况法）》（GB 18285—2005）和《车用压燃式、气体燃料点燃式发动机与汽车排气染物排放限值及测量方法（中国Ⅲ、Ⅳ、Ⅴ阶段）》（GB 17691—2005）的规定。

3. 按照核定的线路、站点、时间和票价运营

城市公共汽电车客运活动的线路、站点、时间，必须由城市人民政府核准，执行政府定价，并在城市公共汽电车线路特许经营协议中予以明确。城市公共汽电车客运活动的线路、站点、时间和票价的设定与变更在《规定》第三章运营管理中进行了明确规定。当前，各地开设的定制巴士、商务快巴、旅游专线、学生专线、社区巴士、夜间公交等特色运营模式，如果其运营模式符合本条规定的各相关要素，则可以认定为属于城市公共汽电车客运范畴。

4. 为社会公众提供基本出行服务

本条主要强调了城市公共汽电车客运活动是公交营运部门提供满足社会公众基本出行的运输服务，体现在服务的无差异性、无歧视性等特征，属于政府以购买服务形式提供的基本公共服务之一。

三、城市公共汽电车客运服务设施含义的规定

城市公共汽电车客运服务设施，主要包括除车辆外，日常客运服务所需要基础设施，包括场站、站台、站牌标识，以及保障车辆运营的加油（气）站、无轨电车触线网、整流站和电动公交车充电设施等。城市公共汽电车客运服务设施要满足国家、行业、地方涉及基础设施建设、运营、安全、维护等方面的技术标准、规范和规定，包括：《城市公共交通标志 第3部分：公共汽电车站牌和路牌》（GB/T 5845.3—2009）等。

【条文】

第三条 交通运输部负责指导全国城市公共汽电车客运管理工作。

省、自治区人民政府交通运输主管部门负责指导本行政区域内城市公共汽电车客运管理工作。

城市人民政府交通运输主管部门或者城市人民政府指定的城市公共交

通运营主管部门（以下简称城市公共交通主管部门）具体承担本行政区域内城市公共汽电车客运管理工作。

【释义】

本条是关于城市公共汽电车客运管理主体的规定，主要从国家、省级和城市三个层面规定。

一、国家层面城市公共汽电车客运管理主体

2008 年国务院大部门体制改革后，赋予了交通运输部指导全国城市客运管理的职责。根据《国务院办公厅关于印发交通运输部主要职责内设机构和人员编制规定的通知》（国办发〔2009〕18 号），交通运输部负责"指导城乡客运及有关设施规划和管理工作"，要求加强统筹区域和城乡交通运输协调发展职责，优先发展公共交通，大力发展农村交通，加快推进区域和城乡交通运输一体化。交通运输部内设运输服务司这一机构作为具体的实施部门，明确运输服务司负责指导城市客运管理，拟订相关政策、制度和标准并监督实施，负责指导城市公共汽车、城市地铁和轨道交通运营、出租汽车、汽车租赁等工作。

二、省级层面城市公共汽电车客运管理主体

按照国家层面大部门体制改革的精神，各省（自治区）人民政府也相继开展了部分职责调整工作，明确将城市公共交通管理职能由省（自治区）人民政府交通运输主管部门负责。省级交通运输主管部门所属的道路运输管理机构（包括城市客运管理机构）按照"三定"方案等规定的职责，具体负责指导做好本省城市公共汽电车客运管理相关工作。截至 2017 年 4 月，除河北省单独设立省级城市客运管理局作为专门的管理机构外，其余各省均由省交通运输厅、省道路运输管理局履行城市客运管理职责。

三、城市公共汽电车客运管理主体

《国务院关于城市优先发展公共交通的指导意见》（国发〔2012〕64 号）中明确提出，发展城市公共交通，城市人民政府是责任主体。城市公共汽电车客运是一项关系国计民生的社会公益事业，发展城市公共汽电车客运是城市人民政府必须承担的重要责任。在国家大部门体制改革之前，各地对于城市交通管理主要有三种模式，第一种是由交通、城建、市政、城管、公安等

部门实施"多部门交叉"管理的模式；第二种是"城乡道路运输一体化"管理模式，即公路和水路客货运输、城市公交和市域范围内的客运出租车由一个部门进行统一管理；第三种是"一城一交"综合管理模式，即交通运输规划、道路（城市道路和公路）和水路运输、城市公交、出租汽车的行业管理，城市内的铁路、民航等其他交通方式的协调等统一由一个部门进行统一管理。按照国家和省级层面的改革思路，城市人民政府也逐步将城市客运等管理职责交由交通运输主管部门统一管理。为此，各地城市人民政府交通运输主管部门或指定的城市公共交通主管部门在城市人民政府的指导下，具体承担本行政区域内城市公共汽电车客运管理工作。

【条文】

第四条 城市公共汽电车客运是城市公共交通的重要组成部分，具有公益属性。

省、自治区人民政府交通运输主管部门和城市公共交通主管部门应当在本级人民政府的领导下，会同有关部门，根据国家优先发展公共交通战略，落实在城市规划、财政政策、用地供给、设施建设、路权分配等方面优先保障城市公共汽电车客运事业发展的政策措施。

【释义】

本条明确了城市公共汽电车客运的公益属性和保障公交优先发展的主要职责。

一、明确了城市公共汽电车客运的公益属性

《国务院关于城市优先发展公共交通的指导意见》（国发〔2012〕64号）中提出："深入贯彻落实科学发展观，加快转变城市交通发展方式，突出城市公共交通的公益属性，将公共交通发展放在城市交通发展的首要位置，着力提升城市公共交通保障水平。"《规定》对城市公共汽电车客运做出此定性，主要是依据国发〔2012〕64号文件的精神，进一步强调了"城市公共汽电车客运是城市公共交通的重要组成部分，具有公益属性"的发展定位。其公益属性主要体现在三个方面：

1. 基础性

作为社会公众日常出行所依赖的最基本的交通方式，解决的是社会公众的基本生活需求，是政府应当提供的、人人均应享有的公共服务，关系国计民生和社会发展的和谐稳定，关系到人民群众的根本利益。

2. 广泛性

城市公共汽电车客运是面向广大公众提供无差别的均等化服务。2016年城市公共汽电车客运量占城市公共交通客运总量的比例近60%，可以说，城市公共汽电车客运服务是公众出行的最主要交通方式之一，也是服务对象最为广泛的交通方式。

3. 非营利性

城市公共汽电车票价应当统筹考虑社会公众承受能力、政府财政状况和出行距离等因素，予以确定，并按规定执行国家特殊群体的优惠政策，包括老年人、残疾人、军人等均有票价优惠政策。城市公共汽电车经营者按照政府要求开设公交冷僻线路，并执行特定的运输任务。这些公益性服务是政府提供基本公共服务的重要内容，需要城市人民政府通过购买服务方式，给予相应的财政补贴保障。

二、保障公交优先发展的职责主体

《国务院关于城市优先发展公共交通的指导意见》（国发〔2012〕64号）中指出："在规划布局、设施建设、技术装备、运营服务等方面，明确公共交通发展目标，落实保障措施。城市人民政府都要按照公益事业对城市公共汽电车客运给予政策上的支持，确立城市公共汽电车客运在城市公共客运中的主体地位，为公众提供安全可靠、方便快捷、经济舒适、节能环保的公共客运服务。"按照部门职责范围，《规定》将重点放在城市公共汽电车线网规划、运营管理、服务规范、运营安全监管等方面。在落实公交优先战略上，将城市公共交通主管部门定位于在本级政府的领导下，配合其他相关主管部门共同做好公交优先战略相关政策措施的落实工作。为此，《规定》明确了落实国家公交优先发展战略的工作定位，省级交通运输主管部门和城市公共交通管理部门应当在省、城市两级人民政府领导下，发挥各自职责，积极会同有关部门做好与城市公共汽电车客运优先发展有关工作。

三、明确了公交优先发展战略的具体内容

明确了城市公共汽电车优先发展包括"城市规划、财政政策、用地供给、设施建设、路权分配"等方面落实公交优先发展的相关政策。近年来，随着我国城镇化和机动化进程的快速发展，城市交通拥堵、空气污染等问题不断加剧，影响了人们的身体健康和生活质量。国内外实践表明，优先发展城市公共交通是有效缓解城市交通拥堵、改善城市空气质量，解决"城市病"的良药。与小汽车相比，城市公共交通具有容量大、能耗低、污染小等多种优势。据测算，运送相同数量的乘客，公共交通与小汽车相比，可节约能耗80%以上，节约道路资源90%左右，减少污染物排放80%。另外，优先发展城市公共交通可降低城市交通设施的建设和维护费用，提高城市交通系统运行效率，节约城市经济运行成本。

在国家关于城市公共交通优先发展战略的指引下，各地不断加大了城市公共交通的支持和投入力度，城市公共交通得到了长足发展，为城市经济社会发展提供了有力的支撑。但总体上看，目前我国城市公共交通发展仍然比较滞后，城市公共交通普遍服务能力不足、发展方式粗放、服务质量不高等问题仍然较为明显，与自驾车等私人交通方式相比，在舒适性、便捷性方面，公共交通的竞争力明显不足，在城市交通系统中的主体地位尚未确立。为此，必须牢固树立和贯彻落实公交优先发展的国家战略要求，通过法规、政策、技术标准等多种方式，推动落实公交优先发展。《规定》立足于这一职责定位，确立了城市公共汽电车管理的基本规范和制度，这一方面体现了国发〔2012〕64号文件在充分调研我国城市公交发展实际基础上制定出台的顶层设计政策，对于发展城市公共交通指明了方向、目标和政策导向，另一方面通过制定《规定》从立法角度将国发〔2012〕64号文件提出的经实践证明行之有效又较为科学合理的政策内容上升为法规制度，建立完善行业发展体制机制、细化相关措施的具体要求，强化政策执行力。

【条文】

第五条 城市公共汽电车客运的发展，应当遵循安全可靠、便捷高效、经济适用、节能环保的原则。

【释义】

本条明确了城市公共汽电车客运的发展原则。

一、安全可靠原则

安全是行业发展的生命线。平安交通是建设"综合交通、智慧交通、绿色交通、平安交通"发展理念的根本基石。《国务院关于城市优先发展公共交通的指导意见》（国发〔2012〕64号）指出："让广大群众出行更安全、更高效、更舒适、更便捷。"将安全可靠作为首要原则，充分体现了城市公共汽电车客运以人民为中心的发展思想和根本服务理念。

二、便捷高效原则

方便快捷是城市公共汽电车客运最重要的服务指标之一，也是决定能否真正落实公交优先发展理念的重要决定性因素。把改善城市公共交通条件、方便群众日常出行作为首要原则，通过科学规划城市公共汽电车线网布局，合理配置城市公共汽电车基础设施，合理设置站点、科学调度、划设公交专用道、提高运输效率等，推动网络化建设，增强供给能力，优化换乘条件，提高服务品质，让公众乘坐城市公共汽电车花费的出行时间逐步降低，主动选择公共交通出行。

三、经济适用原则

根据城市功能定位、发展条件和交通需求等特点，科学确定公共交通发展目标和发展模式。明确城市公共交通的主导方式，选择合理的建设实施方案，建立适宜的运行管理机制，配套相应的政策保障措施。具体到城市公共汽电车客运领域，应当科学设置票制票价，推动城市公共汽电车线路运营管理精细化、规范化，更好地满足城市公众的基本出行需求。

四、节能环保原则

节能环保是对践行绿色发展理念、引领交通运输现代化、转变交通运输发展方式的重要体现。《中华人民共和国节约能源法》第四十三条明确提出县级以上地方各级人民政府应当优先发展公共交通；第四十五条规定要鼓励开发和推广应用交通运输工具使用的清洁燃料、石油替代燃料。一方面，要超前谋划城市交通发展战略和规划，加快确立公共交通在城市交通体系中的主体地位，降低小汽车使用强度，给未来城市发展"省下一点空间、留下一片蓝天"。另一方面，按照资源节约和环境保护的要求，以节能减排为重点，大力发展低碳、高效、大容量的城市公共交通系统，加快新技术、新能源、新装备的推广应用，倡导绿色出行。

【条文】

第六条 国家鼓励城市公共汽电车客运运营企业实行规模化、集约化经营。

【释义】

本条明确了城市公共汽电车客运经营的鼓励方向。

一、规模化经营

规模化经营指的是在其他社会经济条件不变的前提下，城市公共汽电车客运运营企业生产的产品或服务要达到一定的数量或产量。在此基础上，城市公共汽电车客运行业的服务能力或服务水平随着生产能力的扩大而呈现批量级提高，体现其边际服务效用。城市公共汽电车企业服务市场主体的广泛性，要求其经营组织具有规模化特点，进一步降低运营成本，彰显规模品牌效应。

二、集约化经营

集约化经营指在社会经济活动中，在同一经济范围内，通过经营要素质量的提高、要素含量的增加、要素投入的集中以及要素组合方式的调整来增进效益的经营方式。简言之，集约是相对粗放而言，集约化经营是以效益（社会效益和经济效益）为根本对经营诸要素重组，实现最小的成本获得最大的投资回报。城市公共汽电车客运服务的集约化经营，指的就是集合人力、物力、财力、管理等生产要素，进行统一配置，在集中、统一配置生产要素的过程中，以节俭、约束、高效为价值取向，从而达到降低成本、高效管理的目标，进而使城市公共汽电车企业集中核心力量，获得可持续竞争的优势。

《城市公共交通"十三五"发展纲要》中明确："实现城市公共资源

利用效率与城市交通承载力的科学匹配；公交企业实现规模化、集约化发展。"城市公共汽电车客运的规模化、集约化，有利于保障行业服务质量，增强行业竞争能力，便于政府宏观调控、统筹和管理，避免造成运营资源浪费和过度恶性竞争，更好地为人民群众出行提供良好的服务。在具体实施路径上，《城市公共交通"十三五"发展纲要》提出"推进城市公交企业改革，结合国有企业分类改革，按照'规模经营、适度竞争'原则，适度整合城市公交经营主体。"

【条文】

第七条 国家鼓励推广新技术、新能源、新装备，加强城市公共交通智能化建设，推进物联网、大数据、移动互联网等现代信息技术在城市公共汽电车客运运营、服务和管理方面的应用。

【释义】

本条明确了城市公共汽电车客运的发展方向。

一、明确了鼓励创新的政策方向

《国务院关于城市优先发展公共交通的指导意见》（国发〔2012〕64号）中明确，"大力发展低碳、高效、大容量的城市公共交通系统，加快新技术、新能源、新装备的推广应用，倡导绿色出行。""鼓励智能交通发展。推进信息技术在城市公共交通运营管理、服务监督和行业管理等方面的应用。"

二、新技术、新能源、新装备的具体内容

1. 新技术

新技术主要是指发展成熟且能在城市公共汽电车行业应用，提升行业发展水平的信息化、节能环保等方面的新技术。

信息化技术主要包括智能调度、智能监控监测技术、电子收费和支付技术、客流采集技术、移动互联技术等能有效提升公交行业服务水平的新技术。

安全保障技术主要针对城市交通安全与应急保障中的技术难题，加强对城市公共交通安全风险预警、安全监管、应急指挥以及应急处置等方面的关键技术的推广应用，提高城市公共交通安全和应急保障能力，促进城市交通安全发展。

节能环保技术是按照资源节约与环境保护要求，进行城市公共交通节能与环保技术的应用，主要是加快推广应用城市公共交通能耗及碳排放监测与统计分析技术、运输装备清洁燃料和非化石能源应用技术，构建绿色交通运输体系，提高社会经济效益，实现城市公共交通的可持续发展。

2. 新能源

新能源主要是指推广应用新能源车辆和清洁燃料车辆以及配套服务设施的建设。目前新能源车辆主要包括纯电动汽车、插电式混合动力汽车及燃料电池汽车。清洁燃料车辆主要指使用天然气、石油气的车辆。2014年7月9日国务院常务会议决定，自2014年9月1日至2017年年底，对获得许可在中国境内销售（包括进口）的纯电动以及符合条件的插电式（含增程式）混合动力、燃料电池三类新能源汽车将免征车辆购置税。根据《关于加快新能源汽车推广应用的指导意见》（国办发〔2014〕35号）的要求，新能源汽车推广应用城市新增或更新车辆中的新能源汽车比例不低于30%。发展新能源汽车已经成为我国交通能源战略转型、推进生态文明建设的重要举措，城市人民政府应积极推进新能源和清洁燃料车辆在公共交通行业的示范和应用。

3. 新装备

新装备主要是指城市公共交通车辆、服务设施等方面的新装备。如低地板公交车辆、视频监控终端等。

三、推进信息化技术应用

在2015年全国两会上，"大数据（Big Data）"一词首次写入政府工作报告。城市交通大数据具有种类繁多、异质性、时空尺度跨越大、动态多变、高度随机性、局部性和有限生命周期等特征，应用大数据有助于了解城市交通拥堵问题中人的出行规律和原因，实现交通和生活的和谐，提高城市的宜居性，为政府精准管理提供基于数据证据的综合决策。同时，大数据的挖掘和使用还有利于催生信息消费新模式，促进信息消费产业发展。特别是随着手机网络、全球定位系统/北斗车载导航、车联网、交通物联网的发展，交通要素中人、车、路等信息都能够实时采集，城市交通大数据来源日益丰富。在日益成熟的物联网和云计算平台技术支持下，通过城市交通大数据的采集、传输、存储、挖掘和分析等，有望实现城市交通一体化，即在一个平台上实现交通行政监管、交通企业运营、交通市民服务的集成和优化。

为此，《规定》明确城市人民政府应按照集约化、综合化、人性化的要求，推进信息技术在城市公共汽电车运营、服务和管理等方面的应用，要以城市公共汽电车运营企业、乘客、城市交通运输主管部门为服务对象，以完善构建城市公共汽电车运行监测体系为重点，加快推进城市公共汽电车数据资源中心、城市公共汽电车企业运营智能调度平台、乘客出行信息服务平台以及城市公共汽电车行业监管平台等内容的建设。

案例

交通运输部组织开展城市公交智能化示范工程建设

"十二五"期间，交通运输部在全国36个城市开展城市公共交通智能化应用示范工程，在整合现有相关资源的基础上，通过信息化、智能化手段，提高城市公共交通企业的运营调度与管理效率，增强行业管理、决策与应急能力，提升乘客出行信息服务水平，并为加快城市综合交通、智慧交通、绿色交通、平安交通建设，提供有力支撑。

通过城市公共交通智能化应用示范工程建设，达到以下目的：一是改进城市公共交通行业运行与服务监管方式，完善城市公共交通运行状态与数据采集体系，提升企业智能调度与运营管理效率，提高城市公共交通行业动态监测、分析决策与服务监管能力；二是改进城市公共交通乘客出行信息服务方式，构建内容丰富、形式多样、及时可靠的城市公共交通出行信息服务体系，提高公共交通系统的出行信息服务能力；三是改进城市公共交通数据资源共享方式，促进城市公共交通不同客运方式间、城市公共交通企业与交通运输主管部门间的业务协同联动效率，全面提升公共交通系统的运输服务效能。

第二章　规划与建设

【条文】

第八条　城市公共交通主管部门应当统筹考虑城市发展和社会公众基本出行需求，会同有关部门组织编制、修改城市公共汽电车线网规划。

编制、修改城市公共汽电车线网规划，应当科学设计城市公共汽电车线网、场站布局、换乘枢纽和重要交通节点设置，注重城市公共汽电车与其他出行方式的衔接和协调，并广泛征求相关部门和社会各方的意见。

【释义】

本条是关于城市公共汽电车线网规划的规定。

一、明确了城市公共交通主管部门在城市公共汽电车线网规划编制中的职责

编制城市公共汽电车线网规划是一项基础性的工作，其最终目的是建立便捷、完整、均衡、协调的城市公共汽电车客运系统。从城市公共交通系统组成来看，城市公共汽电车线网规划是城市公共交通专项规划的内容之一。城市公共交通主管部门要在城市人民政府统一领导下，会同发展改革、规划、建设、国土、财政、公安交管等部门建立共同参与的公共交通协调机制，明确各自职责分工，组织编制城市公共汽电车线网规划。考虑到《规定》主要是规范城市公共汽电车客运活动，此处明确要求的是城市公共汽电车线网规划。编制的规划要与城市总体规划、土地利用总体规划、城市控制性详细规划、城市综合交通发展规划和城市公共交通规划等不同层级的规划相衔接，并加强规划实施管理，确保规划实施到位。《国务院关于城市优先发展公共交通的指导意见》（国发〔2012〕64 号）文件明确了"城市控制性详细规划要与城市综合交通规划和公共交通规划相互衔接，优先保障公共交通设施用地"等要求。

二、规定了城市公共汽电车线网规划编制的原则和具体要求

一是要把握重要节点设置的原则。国发〔2012〕64 号文件明确提出"强化规划调控"，"强化城市总体规划对城市发展建设的综合调控，统筹城市发展布局、功能分区、用地配置和交通发展，倡导公共交通支撑和引导城市发展的规划模式，科学制定城市综合交通规划和公共交通规划。城市综合交通规划应明确公共交通优先发展原则，统筹重大交通基础设施建设，合理配置和利用各种交通资源。城市公共交通规划要科学规划线网布局，优化重要交通节点设置和方便衔接换乘，落实各种公共交通方式的功能分工"。

二是要加强衔接协调。国发〔2012〕64 号文件将"综合衔接"作为重要原则之一，要求突出公共交通在城市总体规划中的地位和作用，按照科学合理、适度超前的原则编制城市公共交通规划，加强与其他交通方式的衔接，提高一体化水平，统筹基础设施建设与运营组织管理，引导城市空间布局的优化调整。

三是要加强社会沟通和公众参与。城市公共汽电车线网布局和重要节点设置，关系到人民群众切身利益，规划的编制和修改等工作，必须加强社会沟通，广泛征求各方面意见，争取取得改革的最大"公约数"。

【条文】

第九条 城市公共交通主管部门应当依据城市公共汽电车线网规划，结合城市发展和社会公众出行需求，科学论证、适时开辟或者调整城市公共汽电车线路和站点，并征求社会公众意见。

新建、改建、扩建城市公共汽电车客运服务设施，应当符合城市公共汽电车线网规划。

【释义】

本条是关于城市公共汽电车线路、站点及服务设施建设需符合规划等有关规定。

一、规定了城市公共汽电车线路和站点开辟或调整需依据规划

城市公共汽电车线网规划方案要科学论证，广泛征求社会各方意见，确保规划方案的针对性和可实施性。

（1）城市公共汽电车线路和站点是线网规划的重要节点性布局，也是构成线网规划的重要内容之一。影响线路、站点布局的因素，包括城市客运的交通需求，如数量、分布和出行路径选择等，道路条件和场站条件、车辆条件、运行效率以及交通管理政策等诸多因素。以公交线路规划为例，通常需要根据城市公共交通需求 OD 出行调查，综合考虑各种影响因素，使用逐条布设、优化成网的方法进行。具体可将公共汽电车线路划分为三个层次：骨架线路、基本线路和补充线路，逐层逐步地完成线网的布设。其中，骨架线路主要是实现跨区域客流空间上快速、集中转移的公共交通线路；基本线路是对骨架线路的补充和完善，以满足城市各组团或各组团区域内部分乘客中短程距离出行的交通需求；补充线路是填补空白或者公共交通稀疏区域为主，主要满足城市边缘组团的出行交通需求。

（2）公共汽电车站点规划主要包括公共汽电车的首末站和中途站点规划，公共汽电车的首末及中途站点的位置、间距、设计和管理对城市公共汽电车系统作用的发挥有很大的影响，其中，站间距是影响车辆运营速度和调度计划的重要因素。公共汽电车首末站的主要功能是为线路上的公共汽电车在开始和结束运营、等候调度以及下班后提供合理的停放场地，既是公共交通站点的一部分，也可兼具车辆停放和小规模保养的用途。公共汽电车的中途站点应设置在公共汽电车线路沿途所经过的各主要客流集散点上，站址宜选在能按要求完成车辆停靠和行驶两项任务的地方，要综合考虑乘客出行需求、公共汽电车的运营管理、道路交通系统、交叉口间距和安全等多种因素的影响。

二、规定了城市公共汽电车客运服务设施建设须符合规划

城市公共交通主管部门和规划、建设部门要根据城市公共汽电车线网规划要求，优化公共汽电车线网布局、建设公共汽电车客运服务设施，确保规划内容的落实。

三、征求公众意见

公众参与是城市公共交通规划以及城市规划体系本身的重大改革。

《中华人民共和国城乡规划法》对城乡规划的公众参与做出一系列重要的明确规定。其中，将采取听证会、论证会和其他方式听取公众意见作为规划的必要程序，这是城乡规划民主化、科学化的重大进步，也是我国公众参与社会治理的重要进展。吸收公众参与城市公共汽电车线网规划、线路和站点布局的优化调整等工作，是一种集思广益的好举措，不仅可以提高城市公共汽电车线网规划与建设的合理性、科学性，也可以强化广大人民群众参与城市规划的意识，为城市公共交通建设建言献策，对城市公共汽电车线网的发展具有重要而深远的意义。

【条文】

第十条 城市公共交通主管部门应当按照城市公共汽电车线网规划，对城市道路等市政设施以及规模居住区、交通枢纽、商业中心、工业园区等大型建设项目配套建设城市公共汽电车客运服务设施制定相关标准。

【释义】

本条是关于市政设施及大型建设项目配建城市公共汽电车客运服务设施的规定。

一、规定了要将城市公共汽电车客运服务设施配建纳入相关规划

《国务院关于城市优先发展公共交通的指导意见》（国发〔2012〕64号）中提出，"调度中心、停车场、保养场、首末站以及停靠站，以及换乘枢纽及步行道、自行车道、公共停车场等配套服务设施建设，将其纳入城市旧城改造和新城建设规划同步实施。"《交通运输部关于贯彻落实〈国务院关于城市优先发展公共交通的指导意见〉的实施意见》（交运发〔2013〕368号）也提出，"推动将城市公共交通枢纽场站（含换乘枢纽、调度中心、停车场、保养场、首末站、停靠站、候车亭等）以及配套服务设施（含步行道、自行车道、公共停车场等）建设，纳入城市旧城改造和新城建设规划，同步实施。"交通运输部发布的《城市公共交通"十三五"发展纲要》提出，"建立城市公共汽电车枢纽场站配建机制和规范，引导大型公共活动场所、居民区合理配建相适应的城市公共汽电车枢纽场站设施。"城市道路等市政设施以及规模居住区、交通枢纽、商业中心、工业园区等大型建设项目配套建设公共汽电车客运服务设施，能够有效保证规划方案顺利实施，提高公交站点覆盖率和服务水平，方便群众就近乘车。

二、规定了城市公共交通主管部门应当制定有关标准

《规定》明确要求城市公共交通主管部门制定配建设施标准的有关责任，规定了城市公共交通主管部门在城市公共交通建设和管理中，要根据城市公共汽电车线网规划，结合中期、远期城市公共交通发展需求，按照国家和行业的相关标准规范及政策规定，为公共汽电车客运服务设施制定相关配套建设标准。

案例

西安市出台常规公共交通基础设施规划建设地方标准

2013 年 10 月 9 日，西安市人民政府下发了《西安市人民政府办公厅转发市规划局市交通局关于《西安市常规公共交通基础设施规划建设标准（试行)》的通知》（市政办发〔2013〕95 号），该文件指出，为落实和推进"公交优先"发展战略，合理配置和利用公共交通基础设施资源，适应经济建设、社会发展和人民生活的需要，依据有关法律、法规，结合西安市城市规划、建设和管理实际情况，制定了《西安市常规公共交通基础设施规划建设标准（试行)》地方标准。

标准共六章，分别为总则、配建型场站一般规定、独立占地公交基础设施一般规定、配建型场站规划建设标准、独立占地公交基础设施规划设计标准和附则，主要适用于常规公共交通基础设施（含公交停靠站、首末站、枢纽站、停保场及出租汽车停靠站等相关设施）的配建标准。该标准明确，新建居住类小区、行政办公类建筑、商业类建筑、大型游乐设施、综合医院、高等院校、中小学、体育场馆、公园等建筑应按规定的标准配建公交停靠站、首末站、出租汽车停靠站；改建、扩建的应按规定的标准配建公交停靠站、出租汽车停靠站。

其中，各类建筑配建公交停靠站、出租汽车停靠站应执行表2-1 的规定。

公交停靠站、出租汽车停靠站配建标准　　　　表 2-1

项目类型		配建公交停靠站	配建出租汽车停靠站
居住用地	一、二类居住用地	二环内建筑面积≥5万平方米的建设项目如用地周边有现状公交车站的应改建为港湾式停靠站；二环至三环之间建筑面积介于5万～10万平方米的建设项目如用地周边有现状公交车站的应改建为港湾式停靠站，建筑面积≥10万平方米建设项目应配建港湾式停靠站；三环外建筑面积≥10万平方米建设项目应配建港湾式停靠站	二环内建筑面积≥5万平方米且临30米以上城市干道建设项目；二环外建筑面积≥10万平方米建设项目
公共管理与公共服务用地	行政办公用地、文化设施用地、教育科研用地	三环内建筑面积≥3万平方米的建设项目如用地周边有现状公交车站的应改建为港湾式停靠站；三环外建筑面积≥5万平方米建设项目应配建港湾式停靠站	二环内建筑面积≥3万平方米且临30米以上城市干道建设项目；二环外建筑面积≥5万平方米建设项目
	体育用地 体育馆	≥4000座且临城市道路建设项目	≥4000座且临30米以上城市干道建设项目
	体育用地 体育场	≥10000座且临城市道路建设项目	≥10000座且临30米以上城市干道建设项目
	医疗卫生用地 医院用地	建筑面积≥3万平方米的建设项目	建筑面积≥3万平方米的建设项目
商业服务业设施用地	商业设施用地 零售商业用地	二环外建筑面积≥2万平方米的建设项目	建筑面积≥2万平方米的建设项目
	商业设施用地 农贸市场用地	二环外建筑面积≥2万平方米的建设项目	—
	商务设施用地、娱乐康体用地	二环外建筑面积≥2万平方米的建设项目	建筑面积≥2万平方米的建设项目
工业用地	一、二、三类工业用地	三环内用地面积超过5公顷的工业项目	—

其中，各类建筑配建公交首末站标准应不低于表2-2的规定。

公交首末站配建标准 表2-2

项目类型			配建基数	配建规模
居住用地	一、二类居住用地		≥10000人小区	1200平方米/10000人
公共管理与公共服务用地	高等院校用地		≥3000人	1200平方米/3000人
	体育用地	体育馆	≥12000座	1000平方米/12000座
		体育场	≥20000	1000平方米/20000座
	医疗卫生	医院用地 综合医院	≥800床	1000平方米/800床
商业服务业设施用地	大型游乐设施用地		≥10公顷	1200平方米/10公顷
绿地	公园绿地		≥20公顷	1000平方米/20公顷

其中，城六区及郊三区规划区范围内，独立占地的公交基础设施用地指标应不低于表2-3的规定。

城六区及郊三区规划区独站地公交基础设施用地指标 表2-3

控制区间	控制指标（平方米/平方公里）
一环至二环之间	750
二环至三环之间	1500
三环以外	3000
临潼区、阎良区	750

【条文】

第十一条 城市公共交通主管部门应当会同有关部门，按照相关标准要求，科学设置公交专用道、公交优先通行信号系统、港湾式停靠站等，提高城市公共汽电车的通行效率。

【释义】

本条规定了城市公共交通主管部门在保障公共汽电车优先通行权等方

面的职责。

一、公交专用道和公交优先通行信号系统

优先发展公共交通，提高城市公共汽电车的通行效率，必须保障让城市公共汽电车运行能够快起来，其中主要措施之一就是落实城市公共汽电车的优先通行权，具体包括路权优先和信号优先。

1. 合理设置公交专用道和公交优先通行信号系统

《国务院关于城市优先发展公共交通的指导意见》（国发〔2012〕64号）明确要求"保障公共交通路权优先"，强调"优化公共交通线路和站点设置，逐步提高覆盖率、准点率和运行速度，改善公共交通通达性和便捷性。增加公共交通优先车道，扩大信号优先范围，逐步形成公共交通优先通行网络。"成都等地中心城区实现公交专用道成网，有效地促进了公共交通优先通行。公安部制定了行业标准《公交专用道设置》（GA/T 507—2004）。一些城市也结合自身实际，制定出台了相应的公交专用道设置规范，如北京市出台了地方标准《北京市公交专用车道设置规范》（DB11/T 1163—2015），按照该规范，快速路以外的单向三车道路段，当公交客流在通道客流中所占比例不低于30%时，就应设置公交专用道；当道路上60%的路段满足施划条件时，整条道路就应施划公交专用道。

2. 加强公交专用道的管理

《中华人民共和国道路交通安全法》第三十七条规定"道路划设专用车道的，在专用车道内，只准许规定的车辆通行，其他车辆不得进入专用车道内行驶"。《国务院关于城市优先发展公共交通的指导意见》（国发〔2012〕64号）也明确要求"增加公共交通优先通行管理设施投入，加强公共交通优先车道的监控和管理，在拥堵区域和路段取消占道停车，充分利用科技手段，加大对交通违法行为的执法力度"。国内一些城市也陆续出台相关规定，加强对公交专用车道的监管，如武汉市出台了《武汉市公交专用车道管理办法》，上海市出台了《上海市公交专用道管理暂行办法》。

评论

公交优先关键是"路权优先"

（周继坚　光明日报　2013 年 01 月 09 日）

近日，国务院发出指导意见，要求城市优先发展公共交通，提高城市公共交通车辆的保有水平和公共汽（电）车平均运营时速，大城市要基本实现中心城区公共交通站点 500 米全覆盖，公共交通占机动化出行比例达到 60% 左右。

在城市化快速推进的今天，人口与城市承载力之间的矛盾日益突出，"出行难"成为制约民生改善的重要因素。即使是全国公交出行比例最高的城市北京，2012 年全市公交出行比例也只有 44%。公共交通发展滞后，一方面是因为公共交通投入不足，部分城市车辆少、线路稀，无法满足市民的出行需求；另一方面，机动车保有量连年猛增，社会车辆挤占城市道路，造成公交车辆运行不畅，也导致市民视公交出行如同"鸡肋"。

改善城市交通的核心是合理配置城市交通资源。城市拥堵日益加剧，保障公共交通的路权优先，是比增加公交车数量更加直接有效的办法。现实中，车体庞大的公交车行驶中不如"船小好调头"的私家车，这就需要更多的公交专用和优先车道，确保公共交通少受其他车辆影响。

其实，对普通市民来说，选择什么样的交通工具，出行效率和舒适度是最主要的指标。发展公共交通方便市民出行，固然需要在数量上做加法，但整体盘活公共交通存量更为迫切。如果不想方设法让公交车跑得快、跑得顺，即便增加再多的公交车辆，也很难缓解拥堵。同样是遭遇堵车，人们当然更愿意待在舒适很多的私家车里，而不是拥挤不堪的公交车厢内，正是这种心理导致越来越多的人购买私家车，进一步加剧道路拥挤。

要改变这种"恶性循环"，吸引更多的人选择公共交通工具出行，政府部门需要进一步完善道路交通法律法规，将公交优先车道的建设和划定纳入城市整体规划，进一步加大对占用公交优先车道车辆的处罚力度，以充分保障公交车的优先权利。同时，可以尝试高峰时段限行空驶车辆、鼓励自行车出行等方式，减少城市道路的通行压力。

长远来看，只有突出公共交通的"路权优先"，乘坐公共交通工具才能避免低价低质，具备大大高于驾车出行的性价比，公共交通才能成为市民主动的选择，其活力才能真正被激发出来。

案例

95.2公里公交专用道10月10日启用
公交上三环全程走"绿道"
（北京日报　2016年9月27日）

北京市95.2公里的公交专用道于2016年10月10日启用，公交上三环全程走"绿道"。

北京的三环路，一圈近50公里。高峰时段，全环每小时公交车流有100辆，平均速度不足25公里/小时，跟骑车速度差不多。因为慢，三环路上的公交吸引力每况愈下，高峰期每小时也只有6000人搭乘。

"自从10号线开通了，基本就不坐三环路上的公交了。但是地铁太挤了，早晚高峰得等好几趟车才行，有时候站外也限流。"市民赵先生家住潘家园附近，他说，"公交看着挺空的，但是速度保证不了，上下班可不敢冒险。"

三环路添49.4公里（双向）公交专用道后，将改变这一状况。专用道施划范围为内环新兴桥—三元桥—玉泉营桥，外环六里桥—三元桥—玉泉营桥。所有专用道都设置在主路最外侧车道。

"考虑到三环公交车站都位于外侧，如果专用道施划在最内侧，意味着公交车需频繁并线，会人为形成交通堵点，所以选择了目前方案。"一位交通专家解释。

这些专用道的启用时间为早高峰7时至9时，晚高峰17时至19时。据了解，这是本市第一条环线公交专用道。

京藏和京港澳目前有多堵？公交行驶比走着快不了多少。北京市交通委员会给出的数据显示：京藏高速北郊农场桥至马甸桥为常发拥堵路段，高峰期最低行驶速度不足5公里/小时；京港澳高速五环至三环高峰时段公交车行驶速度低于30公里/小时。

此次京藏高速公交专用道施划路段为北郊农场桥至马甸桥，施划长度为27.6公里（双向）；京港澳高速公交专用道施划路段为宛平桥至六里桥，施划长度为18.2公里（双向）。

两条施划在高速路上的专用道都是早晚高峰潮汐使用，使用时间为早高峰进城方向7时至9时、晚高峰出城方向17时至19时。与三环路不同，这次专用道划在了道路最内侧，因为公交在高速上不设站。这也是第一次在京西和京北的快速联络线上施划专用道。

案例

苏州市设置公交专用信号灯

苏州市积极推进公交路权优先，重点开展市区公交专用道及路口优先建设，不断扩大市区公交路权优先的覆盖范围。市区主要路口通过安装公交专用信号灯的方式，使公交车辆能够提前通行15秒，大大提高了通过率。此外，苏州市还在距离信号灯30米处，设立社会车辆等候区，公交车可以借道进入路口最前侧，从而形成一个公交专用等候区，避免了公交车辆与社会车辆混行。截至2016年8月，苏州市共有公交专用信号灯137组，公交专用道路总长167.2公里。公交优先设施的建设，实现了道路资源的优化利用，提升了公共交通吸引力。

二、港湾式停靠站等专用设施

港湾式停靠站是市政道路在设计过程中，为不影响机动车道的通行能力服务水平，降低公共汽车停靠时对交通流影响，对道路进行改造的一种车道，通常是对道路进行展宽或对人行道进行压缩处理成一个港湾形式的停靠站。其作用主要在于保证公交车在泊车过程机动车流（或机非混行车流）能够通畅和行人安全而设置的公交停靠站形式，见图2-1。

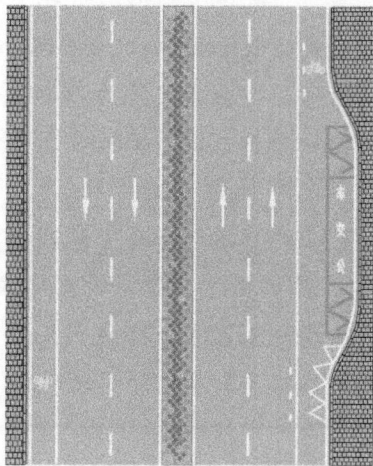

图2-1　港湾式停靠站点示意图

城市公共交通主管部门应根据城市公共汽电车线网规划，积极组织协调相关部门，按照相关标准规范和政策文件施划公交专用道，并配建保障公共汽电车优先通行的信号系统，同时加大公交专用道违法使用监管力度。市政道路新建、改建、扩建过程中，优先保障港湾式停靠站建设，提高城市公共汽电车的通行效率，增加公共汽电车对社会公众的吸引力。

【条文】

第十二条　城市公共交通主管部门应当定期开展社会公众出行调查，充分利用移动互联网、大数据、云计算等现代信息技术收集、分析社会公众出行时间、方式、频率、空间分布等信息，作为优化城市公共交通线网的依据。

【释义】

本条是关于开展社会公众出行调查及优化公交线网等方面的规定。

一、社会公众出行调查

本条明确了城市公共交通主管部门是组织开展社会公众出行调查的职责主体，并明确要求城市公共交通主管部门应当定期开展社会公众出行调查。社会公众出行调查也称为居民出行调查，一般是用于改进和完善城市交通结构，优化城市交通运行组织方式所开展的基础性调查研究工作。主要分析城市交通的供给情况，以及需求情况，并提出相关的优化政策建议。对于交通需求特征，一般包括人员出行量与周转量、人员出行分布规律、出行距离和空间分布、出行时间分布等特征。根据城市实际情况，一般每几年开展一次公众出行调查。社会公众出行调查是编制城市公共交通规划的重要基础性工作，也是测算分析城市公共交通出行需求的重要手段和依据。

二、优先城市公共交通线网的有关做法

传统的居民出行调查存在工作程序多、组织难度大、数据处理效率低等问题。随着移动互联网、智能手机和公交 IC 卡等广泛使用，智能交通出行领域得到快速发展，反映城市交通出行规律的数据智能采集技术也在不断升级换代，可以成为优化城市交通数据采集的重要途径。为此，要求各城市公共交通主管部门要积极使用大数据、云计算等新兴的信息采集和分析技术，科学掌握社会公众出行方式和需求变化，为公共汽电车线网规划和优化提供科学依据，使规划方案和优化方案与城市出行实际保持高度吻合，确保公共资源效益最大化。

知识链接

公共交通乘客出行特征大数据分析

以公交 IC 卡数据为例，目前各地公交乘客持卡使用率已达到较大规模，公交 IC 卡数据记录了公交乘客每天乘坐每一辆公交车辆的信息，包括乘坐的车辆（如市区公交、轨道交通、郊区公交等），运营的驾乘人员、上下车时间和位置，以及乘客信息（卡号识别码）。借鉴大数据理念，结合乘客在一定时期内乘车类型和频次的

统计规律，可以分析出丰富的公共交通乘客特征。具体分析方法如下：

（1）以公共交通支付卡作为乘客的支付工具，乘客往往随身携带，即使是家人之间互相使用，但在一定时期内仍然稳定。因此，可以认为一张支付卡即代表着一名公交乘客，支付卡的出行特征即该名乘客的出行特征。

（2）以每一张支付卡为单元，基于其每一次乘坐数据，统计该支付卡在该时间周期内的乘车类型、乘车频次特征，形成个体特征数据。

（3）针对公共交通出行特征分析需求，如每日不同类型公共交通网络乘客比例分布等，依据个体特征数据对所有个体进行群体区分，实现人群分类。

（4）对每一类人群分别进行数理统计，获得该类人群的出行特征数据，完成不同人群在不同时期的出行特征分析，形成分析结论。

资料来源于《公共交通乘客出行特征大数据分析》（高永、褚琴、翟雅娇、姚毅，《第九届中国智能交通年会大会论文集》）。

【条文】

第十三条　城市公共交通主管部门应当按照有关标准对城市公共汽电车线路、站点进行统一命名，方便乘客出行及换乘。

【释义】

本条是关于城市公共汽电车线路、站点命名规范化的有关规定。

一、规定了城市公共汽电车线路、站点命名的主体

城市公共交通主管部门是城市公共汽电车线路、站点命名的职责主体。城市公共汽电车线路、站点命名应纳入城市公共交通主管部门日常工作管理中。

二、规定了城市公共汽电车线路、站点命名必须按照有关标准统一命名

公交线路、站点命名的总体原则应当是加强规范性，既体现出地方特色，同时又在线路的指向性和便捷性之间取得平衡，方便人民群众出行。城市公共交通主管部门应参照国务院发布的《地名管理条例》《城市公共汽电车客运服务规范》（GB/T 22484—2016）及各城市地名管理相关规定，按照"合法合规、公益先导、相对稳定、定位准确、避免歧义、通俗易懂、标志明晰、方便适用"等原则制定公共汽电车线路、站点命名标准，建立线路、站点名称体系。

三、明确了城市公共汽电车线路、站点命名的原则

《规定》明确了城市公共汽电车线路、站点命名的原则和目的是方便乘客出行和换乘。城市公共汽电车线路、站点命名既要体现公益性、稳定性和标志性，又要展现城市历史文化、风土人情等城市特点，让人民群众记得住、认得清。

知识链接

城市公共汽电车线路及站点命名原则及方法

城市公共汽电车客运服务规范（GB/T 22484—2016）附录 A 中明确城市公共汽电车线路及车站命名原则及方法如下：

A.1　线路及车站命名原则

A.1.1　法理性：公共汽电车的站名要依据法律法规，以地名为主。

A.1.2　适用性：方便乘客出行、方便城市公共汽电车企业管理。

A.1.3　准确性：指位明确，导向无误。

A.1.4　唯一性：全市范围内不重名。

A.1.5　方便性：简单明了，易读、易懂、易记。

A.1.6　稳定性：不因社会情况的变化而变化。

A.1.7　延续性：保证尽可能多的现有名称继续使用。

A.2　线路的命名及更名方法

A.2.1　统一用一至四位阿拉伯数字加"路"字命名，特殊线路可加上字母或中文标识。

A.2.2 一条线路的上、下行或环形线路的内、外环，应该使用同一数码命名。

A.2.3 路径和设站不完全相同的线路应使用不同数码命名。

A.2.4 全市任意两条线路，均不应用同一数码命名。

A.2.5 已撤销线路所用的数码，一年内不宜用于其他线路。

A.2.6 在公交车的路牌和公交车站的站牌等特定场合，线路名可只写数码，不加"路"字。

A.3 车站的命名及更名方法

A.3.1 以车站所在地的地名加"站"字命名。

A.3.2 优先使用知名度高的地名。

A.3.3 知名度相近时，优先使用地理实体较近的地名。

A.3.4 一般不用企业、事业单位名称。

A.3.5 企业出资冠名的车站，应以括注方式标在原有站名之后。

A.3.6 不单独使用通名作站名。

注：在地名中，表示地理实体类别的通用部分为通名，例如商场、体育馆、小街等均没有指位性。

A.3.7 不用不文明的地名。

A.3.8 避免音同字不同的站名。

A.3.9 新设站时，不宜使用生僻字地名作站名。

A.3.10 站名的地名部分及括注均不宜超过六个汉字。

A.3.11 车站与所用地名指称的地理实体的距离不宜大于半个站距。

A.3.12 不同线路的车站相互距离小于半个站距时，应使用同一站名。

A.3.13 不同线路的车站相互距离大于半个站距时，应使用不同站名。

A.3.14 在大型路口、环岛、立交桥区及其他大型地理实体周围的车站，应加注方位。

A. 3. 15　以道路名称命名的车站，宜改用路口名称命名。

A. 3. 16　全市范围内的地名相同的车站，可冠名以方位、当地知名度较高的地名或所属区（县）名称的专名部分。

A. 3. 17　以地理实体命名的站名，当地理实体已经搬迁后，宜更改该站名。

A. 3. 18　车站因故移动后，已不符合 A. 3. 11～A. 3. 14 的要求时，应更改站名。

A. 3. 19　站名的英语、法语、德语、西班牙语、世界语的译文：地名部分按汉语拼音方案拼写；通名"站"字按意译写。

A. 3. 20　少数民族地区，可用双语命名车站。

A. 3. 21　在公交车站的车牌和公交车的路牌等特定场合，站名可只写地名部分，不写"站"字。

第三章　运 营 管 理

【条文】

第十四条　城市公共汽电车客运按照国家相关规定实行特许经营，城市公共交通主管部门应当根据规模经营、适度竞争的原则，综合考虑运力配置、社会公众需求、社会公众安全等因素，通过服务质量招投标的方式选择运营企业，授予城市公共汽电车线路运营权；不符合招投标条件的，由城市公共交通主管部门择优选择取得线路运营权的运营企业。城市公共交通主管部门应当与取得线路运营权的运营企业签订线路特许经营协议。

城市公共汽电车线路运营权实行无偿授予，城市公共交通主管部门不得拍卖城市公共汽电车线路运营权。运营企业不得转让、出租或者变相转让、出租城市公共汽电车线路运营权。

【释义】

本条是关于城市公共汽电车客运线路运营权配置的规定。

一、规定了线路运营权资源配置方式

城市公共汽电车线路运营权属于公共资源，主要有两种配置方式：

1. 实行行政许可

根据《中华人民共和国行政许可法》第十二条的规定，公共资源配置以及直接关系公共利益的特定行业的市场准入等需要赋予特定权利的事项，可以设定行政许可。同时第十四条、第十五条规定，法律可以设定行政许可，尚未制定法律的，行政法规可以设定行政许可，尚未制定法律、行政法规的，地方性法规可以设定行政许可。目前，国家暂未制定规范城市公共交通事项的法律和行政法规，所以部分省份根据立法权限，通过制定地方性法规，对城市公共汽电车客运实施行政许可。如江苏、江西等省份在修订本省《道路运输条例》时，将城市公共汽电车纳入调整范畴，吉林省制定了《吉林省城市公共客运管理条例》，通过立法手段明确对城市公共汽电车线路运营权实行行政许可。

2. 实行特许经营

根据《基础设施和公用事业特许经营管理办法》（国家发展和改革委员会、财政部、住房和城乡建设部、交通运输部、水利部、中国人民银行令2015年第25号，以下简称《特许经营管理办法》）第七条第二款"县级以上地方人民政府……交通运输……等有关部门根据职责分工，负责有关特许经营项目实施和监督管理工作。"及第九条"县级以上人民政府有关行业主管部门或政府授权部门（以下简称"项目提出部门"）可以根据经济社会发展需求，以及有关法人和其他组织提出的特许经营项目建议等，提出特许经营项目实施方案。"以及第十四条、第十五条等有关规定，如果当地已按程序将城市公共汽电车客运服务明确为交通运输行业（公用事业领域）特许经营活动，则适用《特许经营管理办法》明确的相关特许经营管理。在这种情况下，城市公共交通主管部门应该根据城市实际情况，制定城市公共汽电车特许经营项目实施方案，报城市人民政府批准后实施。《规定》提出的按国家规定实施特许经营管理，其本质含义是对按照国家规定已确立城市公共汽电车客运采取特许经营的，按照《规定》明确的特许经营条件和程序来实施。如果是通过地方性法规已明确对当地城市公共汽电车客运实行行政许可的，应当从其规定。

二、规定了特许经营招投标方式

《特许经营管理办法》第三条规定，"本办法所称基础设施和公用事业特许经营，是指政府采用竞争方式依法授权中华人民共和国境内外的法人或者其他组织，通过协议明确权利义务和风险分担，约定其在一定期限和范围内投资建设运营基础设施和公用事业并获得收益，提供公共产品或者公共服务"。因此，城市公共汽电车线路运营权的特许应采取竞争方式，即采取招投标方式。

目前，对有限资源配置存在两种方式。

1. 竞价招投标方式

城市公共汽电车线路运营权竞价招投标由线路使用费拍卖价格最高或申请财政补贴额度最低的运营企业中标，这种招投标方式以经济手段为主要导向，以价格为唯一评判标准。在我国现行财政体制下，政府是城市公共汽电车服务的直接提供者，而一些地方政府对于基本公共服务领域的投入较为缺乏，各地存在较大差距，在主要由各地自行解决的前提下，为减轻地方财政负担，少数地方曾经采取过此类方式。

2. 服务质量招投标方式

城市公共汽电车线路运营权服务质量招投标由综合评判服务承诺得分最高的运营企业中标，这种招投标方式以服务质量为主要竞标条件，有利于市场经营主体实现优胜劣汰。

城市公共汽电车是满足人民群众基本出行需求的公益事业，与人民群众生产生活息息相关，与城市运行和经济发展密不可分，是一项重大的民生工程。保障城市公共汽电车出行服务质量是政府管理的基本目标，因此本条款明确要求通过服务质量招投标的方式选择运营企业，将有限的经营权指标配置给服务质量优质的经营者，既可以避免经济利益导向带来的公益属性模糊，削弱政府监管和市场调控能力，又可以促进运营企业不断提升设施设备等硬件条件及运营管理模式、质量保障体系、从业人员素质和能力等软件条件，对于提升城市公共汽电车服务质量和行业整体服务水平有促进作用。

为确保实现提升服务水平的目标，服务质量招投标评分标准应从如下三个方面加强设计。一是企业服务能力。应重点考察运营企业近几年来服务质量评价情况、服务投诉情况、安全运营情况等，以判断企业的经营管理和服务质量管控水平。二是拟投入硬件设施档次。应重点比较、考察承诺投入运营的车辆以及相关服务设施的数量、档次，是否使乘客出行舒适度得以提升。三是出行需求服务。应重点考察运营企业采取的经营方式、提供的运行班次间隔等服务承诺、安全保障措施、服务质量保障措施等。通过以上评分因素，按照综合得分高低确定运营企业。

招投标工作需要依据《中华人民共和国招投标法》确定城市公共汽电车运营企业。本条款补充规定了不具备条体时，城市公共交通主管部门可采用协议等方式，择优选择运营企业。

三、无偿授予线路运营权和禁止拍卖等规定

一是城市公共汽电车线路运营权作为公共资源，其获取需要符合一定的基础条件并做出相关服务承诺。线路运营权的授予，本质上是政府购买公共交通服务的行为，应当采取招投标或者直接授予等形式。二是拍卖是以价格为最大约束，较少或者不考虑其他因素。由于企业的逐利性，拍卖所付出的价格最终将通过提高票价或者降低服务质量等其他方式转嫁给乘客承担，这与发展公共交通的初衷相背离，并且在城市公共汽电车行业推行市场化期间已有相关教训。采用招投标方式，更多体现的是满足招标文件的相关服务和安全条件，有利于保护社会公众的出行权益。三是线路运营权属于公共资源，采取拍卖为主的方式，短期内可减少政府投入，但从国内相关城市的实践情况来看，由于改变了公共汽电车线路的公益属性，极易引发经营者的短期行为，后期政府投入将会更大，且服务质量的提升难度也更大。

取得线路运营权的企业，不得将此资源出租给其他经营者。

【条文】

第十五条 申请城市公共汽电车线路运营权应当符合下列条件：

（一）具有企业法人营业执照；

（二）具有符合运营线路要求的运营车辆或者提供保证符合国家有关标准和规定车辆的承诺书；

（三）具有合理可行、符合安全运营要求的线路运营方案；

（四）具有健全的经营服务管理制度、安全生产管理制度和服务质量保障制度；

（五）具有相应的管理人员和与运营业务相适应的从业人员；

（六）有关法律、法规规定的其他条件。

【释义】

本条规定了城市公共汽电车运营企业的资格条件，以保证其有能力保障城市居民的出行需求，主要涉及法人主体、车辆承诺、运营方案、管理制度、人员条件五个条件。

一、法人主体

城市公共汽电车运营企业承担了运营组织和管理任务，需要具备独立的民事权利能力和民事行为能力，能够承担运营中的各项任务和风险。因此，城市公共汽电车运营企业必须是依法独立享有民事权利和承担民事义务的组织，并经工商部门登记注册，持有《企业法人营业执照》。

二、车辆承诺

从事线路运营必须有相适应的车辆，这是正常开展城市公共汽电车经营活动最基本的要求。由于运营企业申请线路经营权与获得行政许可、特许经营过程中存在一定的时间差与不确定性，应允许运营企业以承诺的方式提供拟投入车辆的具体型号和数量，并将拟投入车辆的具体型号和数量作为协议的重要条款予以明确，确保车辆承诺的严肃性。

三、运营方案

运营方案是线路运营权申请的重要部分，是政府主管部门评价运营企业承诺的线路服务质量的根本依据和最基本指标。运营企业申请线路运营权时必须在运营方案中明确线路的走向、停靠站点、首末班时间、每天运营趟次及间隔等，城市公共汽电车主管部门应将运营方案中列出的指标写入特许经营协议，并监督运营企业落实到位。

四、管理制度

完善的企业管理是提高城市公共汽电车客运服务质量的根本保障，而企业管理的基础就在于健全管理制度。一是经营服务管理制度。经营服务管理制度是企业落实运营主体责任，确保出行服务的基础。经营管理制度以从业人员管理、车辆技术管理、场站运营管理、统计报表管理为主要内容。二是安全管理制度。安全管理制度是企业落实安全生产主体责任的基础保障，以学习教育、事故处置、应急处置为主要内容。三是服务质量保障制度。服务质量保障制度是企业提升服务水平的重要保障，以服务质量监督、服务投诉处理制度、服务问责制度等为主要内容。

五、人员条件

为确保运营企业正常运行，企业需配备一定数量的管理人员、驾驶人员、乘务人员、站调人员和车辆技术管理人员。其中管理人员应熟悉国家有关法律法规和行业政策，具有良好行政管理能力和职业道德，身体条件符合岗位工作要求；车辆技术管理人员应熟悉国家有关车辆技术管理法律法规、行业政策和相关规定，经企业岗前适任培训考试合格。

【条文】

第十六条 城市公共汽电车线路运营权实行期限制，同一城市公共汽电车线路运营权实行统一的期限。

【释义】

本条规定城市公共汽电车客运线路运营权实行期限制管理。

城市公共汽电车线路运营权实行期限制管理，主要出于以下三方面考虑：一是从现有法规、规定看，实行期限制管理是贯彻国家有关要求、履行管理职责的基本要求。《特许经营管理办法》已明确规定，"政府采用竞争方式依法授权中华人民共和国境内外的法人或者其他组织，通过协议明确权利义务和风险分担，约定其在一定期限和范围内投资建设运营基础设施和公用事业并获得收益，提供公共产品或者公共服务"。二是从政府调控角度看，实行期限制管理有利于政府建立、完善退出机制。经营权到期后，整体实力强、服务水平高的城市公共汽电车运营企业可以继续从事经营，而对服务质量差、经营不佳的企业，政府可以收回经营权进行再次分配，实现资源的优化配置。三是从企业自身发展看，实行期限制管理有利于提高运营企业的服务质量，激发企业内在发展动力。城市公共汽电车运营企业需要在经营权期限内通过加强企业管理、提供优质车辆设施和提高服务质量等措施，不断加强自身经营和竞争实力，从而能够在经营权到期后继续经营。

目前，各地对城市公共汽电车运营权期限制的管理也在逐步摸索中，原有线路运营权有些未明确经营期限、已确定经营期限的标准也存在期限标准不统一的情形。同城经营权期限标准如果不统一，既不利于当地城市公共交通主管部门统筹规划城市公共汽电车线网，也容易造成运营企业成本的差异化，影响公平竞争。城市公共汽电车运营权期限制应按照"一城一期限"的原则，在城市区域范围内统一线路运营权经营期限，具体期限可由当地城市公共交通主管部门报请城市人民政府依法确定。在确定经营期限时，应综合考虑车辆合理使用年限、线路的培育周期、运营企业投资合理性等因素。运营期限太短，既不符合线路的培育周期规律，也不利于维护运营企业利益；运营期限太长则可能形成垄断，不利于适度的市场竞争和资源优化配置。

运营权无明确期限或被允许永久使用，容易引发诸多问题。一是缺乏退出机制，优胜劣汰的市场竞争机制难以发挥作用；二是行业整体服务与发展水平难以提高，企业的可持续发展动力不足。因此，为避免城市公共汽电车运营企业将线路运营权视为自有资源，长期占有而忽视线路服务承诺，城市公共汽电车线路经营权应当设置一定的运营期限，并定期进行考核和重新授予。但同时，由于历史原因和运营模式的差异，对各地经营权期限不宜做"一刀切"的规定，需要具有一定的弹性，由各地结合实际需要制定本地线路运营权的具体期限。对于当前各地未明确线路运营权的具体经营期限或者同一城市经营期限不一致的，要综合考虑各方面因素，科学制定过渡方案，依法合理确定经营期限。

【条文】

第十七条 城市公共汽电车线路特许经营协议应当明确以下内容：

（一）运营线路、站点设置、配置车辆数及车型、首末班次时间、运营间隔、线路运营权期限等；

（二）运营服务标准；

（三）安全保障制度、措施和责任；

（四）执行的票制、票价；

（五）线路运营权的变更、延续、暂停、终止的条件和方式；

（六）履约担保；

（七）运营期限内的风险分担；

（八）应急预案和临时接管预案；

（九）运营企业相关运营数据上报要求；

（十）违约责任；

（十一）争议调解方式；

（十二）双方的其他权利和义务；

（十三）双方认为应当约定的其他事项。

在线路特许经营协议有效期限内，确需变更协议内容的，协议双方应当在共同协商的基础上签订补充协议。

【释义】

本条是关于特许经营协议基本内容的规定。

一、明确了线路特许经营协议的基本内容

符合《规定》第十五条规定的运营企业，按照《规定》第十四条要求取得线路运营权后，应与城市公共交通主管部门签订线路特许经营协议。明确协议的基本内容有利于厘清双方的权利义务，促进行业的有序运行，保障运营安全和服务质量。

依据《特许经营管理办法》第十八条的相关要求，公共汽电车线路特许经营协议的基本内容应包括本条规定所阐述的十三项内容。其中，第一项所称的"运营线路、站点设置、配置车辆数及车型、首末班次时间、运营间隔"等是对运营企业的运营方案的基本要求，具体由《规定》第三十条细化规定。"线路运营权期限"对应《规定》第十六条要求。第二项所称的"运营服务标准"是对《规定》第十五条第四款"服务质量保障制度"的细化要求，也是《规定》第三十一条所称的"服务承诺"，同时是《规定》第五十七条所称"服务质量评价制度"的基础依据。具体内容应由城市公共交通主管部门与运营企业，参照《城市公共汽电车客运服务规范》（GB/T 22484—2016）、《城市公共汽电车企业服务质量评价指标体系》（JT/T 1001—2015）等有关标准，根据城市实际确定。第三项所称的"安全保障措施、制度"是对《规定》第十五条第四款"安全生产管理制度"的细化要求。第四项所称的"票制票价"对应《规定》第二十一条。第五项由《规定》第十八条、十九条、二十条做出具体规定。第六、第七、第十、第十一、第十二、第十三项是合同的一般性条款。第六条是总线路经营者与城市公共交通主管部门对履行特许经营协议提供担保。第八项"应急预案"由《规定》第五十二条具体规定，可参照行业标准《城市公共汽电车突发事件应急预案编制规范》（JT/T 1018—2016）。"临时接管预案"对应《规定》第十九条"运营企业需要暂停城市公共汽电车线路运营的，……城市公共交通主管部门应当根据需要，采取临时指定运营企业、调配车辆等应对措施，保障社会公众出行需求"相关规定。第九项由《规定》第三十二条具体规定。第十项违约责任是对双方责任、义务的约定。

二、明确了协议变更的要求

《特许经营管理办法》第三十七条规定，在特许经营协议有效期内，协议内容确需变更的，协议当事人应当在协商一致基础上签订补充协议。如协议可能对特许经营项目的存续债务产生重大影响的，应当事先征求债权人同意。所以在线路特许经营协议有效期限内，协议双方确需变更协议内容的，应当共同协商解决，并根据《特许经营管理办法》签订补充协议。

【条文】

第十八条 城市公共汽电车线路运营权期限届满，由城市公共交通主管部门按照第十四条规定重新选择取得该线路运营权的运营企业。

【释义】

本条规定了城市公共汽电车客运线路运营权期限届满的处理原则。

一、城市公共汽电车线路运营权期限届满后要重新选择运营企业

根据《特许经营管理办法》第四十条规定，"特许经营期限届满终止或者提前终止，对该基础设施和公用事业继续采用特许经营方式的，实施机构应当根据本办法规定重新选择特许经营者"。城市公共汽电车线路运营权期限届满后，城市公共交通主管部门应按照《特许经营管理办法》和线路特许经营协议的有关要求收回线路运营权，并按照第十四条规定重新选择取得该线路运营权的运营企业。

二、期限届满的城市公共汽电车线路运营权重新配置过程应注意以下两个方面

1. 原特许经营者可具有下一经营周期的优先经营权

城市公共交通主管部门应根据《特许经营管理办法》第四十条规定"因特许经营期限届满重新选择特许经营者的，在同等条件下，原特许经营者优先获得特许经营"的精神，合理设置线路运营权服务质量招投标评分标准，结合服务质量评价情况对原运营企业给予加分奖励，鼓励在同等条件下原运营企业优先获得特许经营，保障公众出行服务的延续性和一致性。

2. 对于服务质量评价不合格的，可终止部分或者全部特许经营协议内容

城市公共交通主管部门应根据《规定》第五十七条"对服务质量评价不合格的线路，城市公共交通主管部门应当责令相关运营企业整改。整改不合格，严重危害公共利益，或者造成重大安全事故的，城市公共交通主管部门可以终止其部分或者全部线路运营权的协议内容"的精神，结合服务质量评价情况，对于服务质量评价不合格的应当接上述规定进行相应处置。

【条文】

第十九条 获得城市公共汽电车线路运营权的运营企业，应当按照线路特许经营协议要求提供连续服务，不得擅自停止运营。

运营企业需要暂停城市公共汽电车线路运营的，应当提前3个月向城市公共交通主管部门提出报告。运营企业应当按照城市公共交通主管部门的要求，自拟暂停之日7日前向社会公告；城市公共交通主管部门应当根据需要，采取临时指定运营企业、调配车辆等应对措施，保障社会公众出行需求。

【释义】

本条规定了城市公共汽电车客运线路运营企业暂停运营的处理原则。

一、规定了运营企业不得擅自停止运营

根据《特许经营管理办法》第二十六条规定，"特许经营协议各方当事人应当遵循诚实信用原则，按照约定全面履行义务。除法律、行政法规另有规定外，实施机构和特许经营者任何一方不履行特许经营协议约定义务或者履行义务不符合约定要求的，应当根据协议继续履行、采取补救措施或者赔偿损失"，城市公共汽电车是满足人民群众基本出行需求的基本保障，与人民群众生产生活息息相关，城市公共汽电车线路服务必须保持延续性，运营企业应当按照线路特许经营协议要求提供连续服务，不得随意暂停线路运营，影响广大群众出行。

二、规定了对于特殊原因确需暂停线路运营的处理程序

对于特殊原因确需暂停线路运营的，为保障公众的基本出行，必须严格履行相应的程序。一是运营企业必须正式提出申请报告。运营企业应当提前3个月向签订运营协议的城市公共交通主管部门申请，提交书面申请报告，并说明暂停运营理由、暂停运营时间，城市公共交通主管部门应认真审核企业暂停运营申请理由，并出具审核意见。二是向社会及时公告。经城市公共交通主管部门批准同意暂停运营的，城市公共交通主管部门应明确暂停运营时间。运营企业应自拟暂停之日7日前向社会公告，以保障社会公众的知情权。三是要加强暂停运营期间相关服务保障工作。具体可由城市公共交通主管部门根据实际需要，采取临时指定运营企业、调配车辆等应对措施，保障社会公众出行需求。

【条文】

第二十条 在线路运营权期限内，运营企业因破产、解散、被撤销线路运营权以及不可抗力等原因不能运营时，应当及时书面告知城市公共交通主管部门。城市公共交通主管部门应当按照国家相关规定重新选择线路运营企业。

在线路运营权期限内，运营企业合并、分立的，应当向城市公共交通主管部门申请终止其原有线路运营权。合并、分立后的运营企业符合本规定第十五条规定条件的，城市公共交通主管部门可以与其就运营企业原有的线路运营权重新签订线路特许经营协议；不符合相关要求的，城市公共交通主管部门应当按照国家相关规定重新选择线路运营企业。

【释义】

本条规定了城市公共汽电车客运线路运营权提前终止的处理原则。

基于城市公共汽电车的公益属性，为保障运营服务的连续性，明确规定运营企业应当按照协议要求提供连续服务，不得擅自停止运营。本条款和上一条款，就是按照确需暂停运营或者终止运营这两类情况，分类进行处理。城市公共汽电车运营企业在线路运营权期限内，可能面临企业破产、重组等情况，本条款主要针对确需终止线路经营的情况，做出的规范化规定，总的原则就是要保证城市公共汽电车服务的正常运行。

一、运营企业破产、解散、被撤销线路运营权以及不可抗力等特殊情形规定

根据《特许经营管理办法》第三十八条规定，"在特许经营期限内，因特许经营协议一方严重违约或不可抗力等原因，导致特许经营者无法继续履行协议约定义务，或者出现特许经营协议约定的提前终止协议情形的，在与债权人协商一致后，可以提前终止协议"，在线路运营权期限内，运营企业因破产、解散、被撤销线路运营权以及不可抗力等原因不能运营时，可终止运营协议。运营企业申请终止运营的，应参照《规定》第十九条要求，提前向城市公共交通主管部门申请终止运营协议，并提交申请报告、原线路运营协议及相关证明材料等资料，城市公共交通主管部门应在规定的时间内确定新的运营企业。

根据《特许经营管理办法》第四十条规定，"新的特许经营者选定之前，实施机构和原特许经营者应当制定预案，保障公共产品或公共服务的持续稳定提供"。在城市公共交通主管部门确定新的运营企业前，原运营企业不得终止线路运营；单方终止运营的，除按照原运营协议违约条款处理外，还应纳入社会信用体系，对原企业法人登记信用信息。

二、运营企业合并、分立等规定

运营企业合并、分立的，应参照《规定》第十九条要求，提前向城市公共交通主管部门申请终止运营协议，并提交申请报告、原线路运营协议，城市公共交通主管部门应及时确定新的运营企业。运营企业合并、分立后符合《规定》确立的线路运营权取得条件的，城市公共交通主管部门可将运营线路经营权授予合并、分立后的运营企业，并与其就运营企业原有的线路运营权重新签订线路特许经营协议，协议经营期限以剩余期限为准；合并、分立后的运营企业不符合规定条件的，城市公共交通主管部门应按照《规定》第十四条规定选择新的运营企业，协议经营期限执行统一的期限标准。

【条文】

第二十一条 城市公共交通主管部门应当配合有关部门依法做好票制票价的制定和调整，依据成本票价，并按照鼓励社会公众优先选择城市公共交通出行的原则，统筹考虑社会公众承受能力、政府财政状况和出行距离等因素，确定票制票价。

运营企业应当执行城市人民政府确定的城市公共汽电车票制票价。

【释义】

本条是关于票制票价的制定和调整的规定。

票制、票价和补贴三者统筹为一体。票制是对票价结构整体上的安排，票价是消费者获取公共交通服务的直接支付，补贴则是政府补偿公共交通企业因政策性亏损所造成的损失，三者之间的关系非常紧密。一是票制票价的确定和发挥功效的影响极其复杂，不仅涉及乘客、企业和政府三方，还涉及公共交通补贴；二是公共交通服务的公益性决定了票制票价要受到政府管制，票制票价需在保障企业合理成本得到补偿并维持企业可持续运营的前提下，使社会公众的福利最大化。实际上，城市公共汽电车的票制票价和补贴政策是运用价格杠杆来影响乘客、公共交通企业和政府的决策行为，寻找公共财政支出、企业经营成本和市民承受能力等方面的最佳平衡点，从而将城市公共汽电车系统甚至是城市交通效益最大化，最终实现公共资源利用效率和社会环境效益的最优化。

一、明确了城市公共汽电车定价的职责主体

《中华人民共和国价格法》第二十条规定，"省、自治区、直辖市人民政府价格主管部门和其他有关部门，应当按照地方定价目录规定的定价权限和具体适用范围制定在本地区执行的政府指导价、政府定价。市、县人民政府可以根据省、自治区、直辖市人民政府的授权，按照地方定价目录规定的定价权限和具体适用范围制定在本地区执行的政府指导价、政府定价"。确定城市公共汽电车票制票价的职权主体主要是城市人民政府价格主管部门，城市公共交通主管部门负责配合。

二、明确了城市公共汽电车票制票价制定的原则和要求

1. 以成本票价为依据

《中华人民共和国价格法》第二十一条规定，"制定政府指导价、政府定价，应当依据有关商品或者服务的社会平均成本和市场供求状况、国民经济与社会发展要求以及社会承受能力，实行合理的购销差价、批零差价、地区差价和季节差价"。价格主管部门应当根据公共交通行业特点，依据城市公共汽电车行业平均运营成本水平及合理利润率，确定成本票价。

2. 以鼓励社会公众优先选择城市公共交通出行为原则

城市公共汽电车行业的根本目的是服务人民群众的基本出行，票制票价的确定必须坚持鼓励优选公交出行的原则，必须切实体现城市公交的公益属性，让老百姓愿意坐公交、坐得起公交、优先选公交。

3. 统筹考虑社会公众承受能力、政府财政状况和出行距离等因素

城市人民政府在确定城市公共汽电车票制票价时，应按照"百姓可接受、政府可承受、发展可持续"的目标，统筹考虑社会公众承受能力、政府财政状况和出行距离等因素，一方面要确定低于成本票价的执行票价，保障人民群众的基本出行需求，另一方面要保障城市公共汽电车运营企业可持续发展，在以票款收入为主的运营收入不能弥补其实际运营成本时，城市人民政府应建立科学的补贴补偿机制，并确保实施。

目前，大多是城市为了落实优先发展公共交通战略，普遍对城市公共汽电车实行低票价等惠民政策，极大地方便了公众出行，减轻了老百姓日常出行负担。从短期来看，一定程度上促进了广大公众选择公共交通出行，但从长期来看，由此造成的企业亏损运营、政府补贴逐年加重等问

题，又不利于公共交通的可持续发展和服务水平的稳步提升。因此，城市人民政府需要依据成本票价，并按照鼓励社会公众优先选择城市公共交通出行的原则，统筹考虑社会公众承受能力、政府财政状况和出行距离等因素，确定票制票价。

在制定城市公共汽电车票制票价过程中，除了考虑上述几个方面的因素之外，还要重点考虑以下相关因素。一是形成合理的比价关系。这种比价关系不仅体现在公共交通系统内部，还体现在与其他出行方式之间的关系方面。既要合理界定常规城市公共汽电车、快速公共汽车交通（BRT）、轨道交通和其他公共交通方式的比价关系，做到能够满足不同层次人群出行的需求，也要重点考虑建立城市公共汽电车与出租汽车等城市客运方式的价格协调机制。二是体现公共交通换乘的便捷性。可以采取灵活的方式，如通过免费换乘、优惠换乘等日票、周票、月票票制制度，使乘客出行换乘更为便利，达到通过科学的票制提高公共交通服务水平和吸引力的目的。三是适应多样化的乘客出行需求。从乘客需求出发，尽量为乘客提供更为个性化的出行服务，进而提高公共交通出行的吸引力和公共交通分担率。

三、建立城市公共汽电车票价动态调节机制

《中华人民共和国价格法》第二十五条规定，"政府指导价、政府定价的具体适用范围、价格水平，应当根据经济运行情况，按照规定的定价权限和程序适时调整"。城市公共汽电车票价动态调节机制是指综合考虑公交企业合理运营成本、政府财力、市民承受能力，根据城市经济发展状况、社会物价水平和劳动工资水平等因素，由各级人民政府价格主管部门会同同级财政、城市公共交通主管部门，定期实施城市公共汽电车票价调节。机制包括具体调价程序、具体调价办法、调价周期等内容。《国务院关于城市优先发展公共交通的指导意见》（国发〔2012〕64号）明确提出，要建立持续发展机制，综合考虑社会承受能力、企业运营成本和交通供求状况，完善价格形成机制，根据服务质量、运输距离以及各种公共交通换乘方式等因素，建立多层次、差别化的价格体系，增强公共交通吸引力。

四、城市公共汽电车企业应按照政府定价有关规定提供运营服务

《中华人民共和国价格法》第十九条规定，"政府指导价、政府定价的定价权限和具体适用范围，以中央的和地方的定价目录为依据"。目前，各省（自治区、直辖市）人民政府价格主管部门已将城市公共汽电车纳入地方定价目录中。因此，城市公共汽电车服务价格都要执行政府定价，运营企业应严格按照政府定价有关规定提供运营服务。

【条文】

第二十二条　运营企业应当按照企业会计准则等有关规定，加强财务管理，规范会计核算，并按规定向城市公共交通主管部门报送运营信息、统计报表和年度会计报告等信息。年度会计报告内容应当包括运营企业实际执行票价低于运营成本的部分，执行政府乘车优惠政策减少的收入，以及执行抢险救灾等政府指令性任务发生的支出等。

【释义】

本条是关于运营企业规范会计核算和报告有关内容的规定。

一、明确了运营企业规范会计核算的要求

本条所称的"有关规定"是指国家制定的涉及企业财务、会计制度的法律、行政法规、部门规章、规范性文件等，主要包括《中华人民共和国会计法》《企业财务会计报告条例》《企业会计准则》《企业会计制度》等。运营企业应按照上述要求建立规范化的财务制度。一是规范会计核算方法，连续、系统地记录生产经营活动或预算执行的过程与结果，定期编制会计报表，形成一系列财务、成本指标；二是加强常规性财务管理，按照制定的财务战略，合理筹集资金，有效营运资产，控制成本费用，规范收益分配及重组清算财务行为，加强财务监督和财务信息管理。

二、明确了专项运营成本核算的职责主体

一是由城市价格主管部门按照《中华人民共和国价格法》《中华人民共和国价格管理条例》《政府制定价格听证办法》《政府制定价格行为规则》《政府制定价格成本监审办法》等相关要求，组织开展城市公共汽电

车定价成本监审工作，城市公共交通主管部门配合开展相关定价成本监审工作。二是城市财政部门按照用于核定政策性亏损的成本费用核算制度，组织开展城市公共汽电车运营成本核算工作，城市公共交通主管部门配合开展相关运营成本核算工作。

三、规定了规范运营企业报送报表信息的要求

本条明确了运营企业应该向城市公共交通主管部门报送信息的内容，对进一步规范企业信息报送提出具体要求。城市公共交通主管部门需要依据运营服务信息和统计报表，会同有关部门核定政府购买公交服务的数量及质量等要求，并据此开展绩效考核。同时，根据城市公共汽电车行业的特殊性及运营特点，运营企业在提交年度会计报告时，除一般性财务信息外，还应包括运营企业每人次执行票价低于每人次成本票价的部分，执行政府乘车优惠政策减少的收入，以及执行抢险救灾等政府指令性任务发生的支出等，有助于相关政府主管部门快速掌握政策性亏损名目及亏损额度，作为确定票制票价、结算政策性亏损补贴补偿资金、编制年度预算等的重要参考依据。

【条文】

第二十三条 城市公共交通主管部门应当配合有关部门建立运营企业的运营成本核算制度和补偿、补贴制度。

对于运营企业执行票价低于成本票价等所减少的运营收入、执行政府乘车优惠政策减少的收入，以及因承担政府指令性任务所造成的政策性亏损，城市公共交通主管部门应当建议有关部门按规定予以补偿、补贴。

【释义】

本条是关于运营成本核算和补贴、补偿制度的规定。

一、明确建立运营成本核算制度和补偿、补贴制度的职责主体

城市公共汽电车服务定价主体为价格主管部门，补贴补偿核定、执行的主体为财政主管部门。城市公共交通主管部门应配合财政、物价、审计等有关部门开展建立运营成本核算制度和补偿、补贴制度等工作。

二、明确应建立运营成本核算制度和补偿、补贴制度

1. 应建立运营成本核算制度

统一、规范的成本费用核算制度是理顺票价形成机制、核算公交企业政策性亏损的基础配套政策。目前，国家层面还没有统一用于公交运营企业政策性亏损核定的运营成本核算制度，各地运营企业主要依据一般会计准则进行成本核算，并报送财政及交通运输主管部门核定。由于一般会计准则不完全适用于核定城市公共汽电车运营企业政策性亏损的需要，城市财政部门核定的补贴额度与运营企业报送的补贴额度难以一致，加大了成本核算及补贴资金核算的难度，因此急需建立科学、规范的运营成本核算方法。

2. 应建立补偿、补贴制度

规范的补贴补偿制度是保证公交行业健康、可持续发展的重要保障。《国务院关于城市优先发展公共交通的指导意见》（国发〔2012〕64号）明确要求，"合理界定补贴补偿范围，对实行低票价、减免票、承担政府指令性任务等形成的政策性亏损，对企业在技术改造、节能减排、经营冷僻线路等方面的投入，地方财政给予适当补贴补偿"。实践中，部分城市采取一年一议的形式，部分城市已建立起相对规范的成本核算及补贴补偿制度，有的城市运营补贴未与服务质量挂钩，企业提升服务质量的内生动力需要进一步加强。为此，城市公共交通主管部门应配合财政、价格等有关部门，加快建立规范、科学的补偿、补贴制度，明确补贴范围和标准。一方面激励运营企业不断提高自身的服务水平和运营效率，促进企业健康、可持续发展；另一方面，还应建立约束机制，将补偿、补贴与服务质量挂钩，确保企业服务质量达到政府购买公共服务的要求和标准，保障乘客权益。

三、明确对运营企业补偿、补贴的范围

一是补贴运营企业执行票价低于成本票价所减少的运营收入；二是补贴运营企业执行政府乘车优惠政策减少的运营收入；三是补偿运营企业因承担政府指令性任务所产生的相关支出；四是城市可结合自身实际，将其他非经营性亏损纳入政府补偿、补贴的范围。

第四章 运 营 服 务

【条文】

第二十四条 运营企业应当按照线路特许经营协议确定的数量、车型配备符合有关标准规定的城市公共汽电车车辆，并报城市公共交通主管部门备案。

【释义】

本条是关于城市公共汽电车车辆配备要求的规定。

一、明确了运营企业配备运营车辆必须符合线路运营服务协议的要求

运营车辆的配置是体现服务质量的重要环节。车辆的数量及配置是否符合线路运营服务协议的要求直接关系到运力能否满足服务要求，影响到运营服务的质量。运营企业应当按照线路特许经营协议确定的数量、车型配备城市公共汽电车车辆，保证公交线路运力满足客流需求。

二、规定了城市公共汽电车车型应当符合有关标准

城市公共汽电车车辆是承担城市公交运营服务的重要工具。车型的选择直接影响到城市公交的服务质量、运营安全和节能减排。城市公共汽电车车辆的等级和配置应符合《公共汽车类型划分及等级评定》（JT/T 888—2014）的规定，车辆的安全性能应符合《机动车运行安全技术条件》（GB 7258—2012）的规定，车辆尾气排放应符合《点燃式发动机汽车排气污染物排放限值及测量方法（双怠速法及简易工况法）》（GB 18285—2005）和《车用压燃式、气体燃料点燃式发动机与汽车排气污染物排放限值及测量方法（中国Ⅲ、Ⅳ、Ⅴ阶段）》（GB 17691—2005）等规定。此外，配备城市公共汽电车车载服务终端设备是城市公交智能化建设的重要内容，也是获取公交服务信息、方便公众出行的重要手段，因此车载服务终端设备应符合《城市公共交通调度车载信息终端》（GB/T 26766—2011）、《城市公共交通调度车载信息终端与调度中心间数据通信协议》（GB/T 28787—2012）的规定。

三、城市公共汽电车车辆报备的规定

运营企业配备城市公共汽电车车辆，其申办条件、申办材料、办理流程、出具文书、制发证件等需报相应的城市公共交通主管部门备案，相关备案工作按照城市人民政府或者其所属的交通运输主管部门、公共交通主管部门的有关要求组织实施。

知识链接

《江苏省城市公共汽车客运经营行政许可规范》（节选）

第二章 许 可 条 件

第五条 从事城市公共汽车客运经营的，应当具备以下条件：

（二）车辆条件

1. 符合机动车国家安全技术标准和污染物排放标准，并取得所在地公安机关交通管理部门核发的机动车牌照和行驶证；

2. 按照国家和省有关规定，安装符合国家标准要求的卫星定位行车信息系统设施；

3. 符合所在地人民政府其他有关城市公共汽车客运车辆的相关要求。

第六条 申请新增城市公共汽车客运线路的，应当具备以下条件：

（四）有与经营方案一致的符合第五条规定的车辆和设施条件。

【条文】

第二十五条 运营企业应当按照有关标准及城市公共交通主管部门的要求，在投入运营的车辆上配置符合以下要求的相关服务设施和运营标识：

（一）在规定位置公布运营线路图、价格表；

（二）在规定位置张贴统一制作的乘车规则和投诉电话；

（三）在规定位置设置特需乘客专用座位；

（四）在无人售票车辆上配置符合规定的投币箱、电子读卡器等服务设施；

（五）规定的其他车辆服务设施和标识。

【释义】

本条是关于城市公共汽电车车辆配备相关服务设施和运营标识的规定。

一、规定了城市公共汽电车配置相关服务设施和运营标识是运营服务的必要内容

关于服务标识的规定是城市公共交通运营服务标准化、规范化的客观要求，也是提高城市公共交通服务质量、保障乘客权益的需要。

二、明确了配置服务设施和运营标识的责任主体

城市公共汽电车运营企业作为承担运营服务的主体，应当通过运营车辆公布运营服务信息。

三、服务设施和运营标识的设置应当符合有关标准

可参照《城市公共汽电车运营服务规范》（GB/T 22484—2016）进行设置。

四、服务设施和运营标识的设置应当符合乘客乘车需求和城市公共交通主管部门的有关要求

一是同一城市内公共汽电车运营车辆，应在车辆内、外划定相同信息发布位置；同一车型划定位置应保持一致。二是关于在城市公共汽电车车辆上张贴禁止携带违禁物品乘车提示的有关要求，同第四十九条释义。三是关于违反本条规定进行处罚的，同第六十一条释义。

车厢内部运营线路示范如图4-1所示。

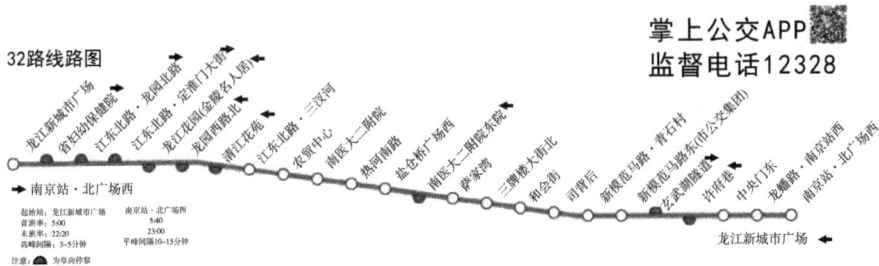

图4-1　车厢内部运营线路示范

知识链接

《城市公共汽电车客运服务规范》车厢服务有关规定

《城市公共汽电车客运服务规范》（GB/T 22484—2016）规定，车厢服务可包含以下内容：

（1）车身外表整洁，标识外观整洁、清晰、无破损，车内清洁卫生，应设有垃圾桶。

（2）空调车应根据天气变化情况及时开启空调设施。

（3）车辆进、出站时应及时向车内乘客播报到达和下一站点信息。报站器故障时，应采用人工报站。车辆到站信息宜持续提示。

（4）文明服务，不说服务忌语和不文明语言。

（5）车厢应设置儿童购票高度标线、爱心专座、IC卡收费等标识以及禁止携带易燃易爆危险品上车、禁止吸烟、请勿靠门等安全警示标识。

（6）车厢内应公示本线路示意图、服务监督电话、掌上公交二维码等信息，幅面规格、设置位置应按车型统一。

（7）为乘客提供及时有效的公共信息服务，报站器、移动电视等播报设备音量设置应合理。

【条文】

第二十六条　运营企业应当按照有关标准及城市公共交通主管部门的要求，在城市公共汽电车客运首末站和中途站配置符合以下要求的相关服务设施和运营标识：

（一）在规定位置公布线路票价、站点名称和服务时间；

（二）在规定位置张贴投诉电话；

（三）规定的其他站点服务设施和标识配置要求。

【释义】

本条是关于城市公共汽电车首末站和中途站配备相关服务设施和运营标识的规定。

一、在城市公共汽电车首末站和中途站配置相关服务设施和运营标识是运营服务的必要条件

遵守服务标识的规定是城市公共交通运营服务标准化、规范化的客观要求，也是提高城市公共交通服务质量、保障乘客权益的需要。

（1）公共汽电车首末站和中途站是乘客获取出行服务信息的重要载体，需要配置相关服务设施和运营标识。城市公共汽电车运营企业作为承担运营服务的主体，应当在客运首末站和中途站公布运营服务信息。

（2）运营服务标识应按要求公布在客运首末站和中途站上，一般应根据城市公共交通主管部门有关要求，公布站点最重要的服务信息，包括票价、站点名称和服务时间，因此在本条款第一项中专门列出。

（3）因站点不同于车辆，特别是没有专门的服务人员的中途站，投诉电话是乘客反馈意见的重要途径，因此在本条款第二项中专门列出。

二、服务设施和运营标识设置的规定

一是责任主体是城市公共汽电车运营企业。二是服务设施和运营标识的设置应当符合有关标准，可参照《城市公共汽电车客运服务规范》（GB/T 22484—2016）设置。三是服务设施和运营标识的设置应当符合乘客乘车需求和城市公共交通主管部门的有关要求。四是已经开通公交智能APP服务的城市，应在城市公共汽电车客运首末站和中途站的显著位置公布二维码等信息。五是有条件的城市可以探索使用电子站牌。六是关于在城市公共汽电车主要站点公布禁止携带违禁物品目录的有关要求，同第四十九条释义。七是关于违反本条规定进行处罚的，同第六十一条释义。

中途站运营标识如图4-2所示。

图 4-2

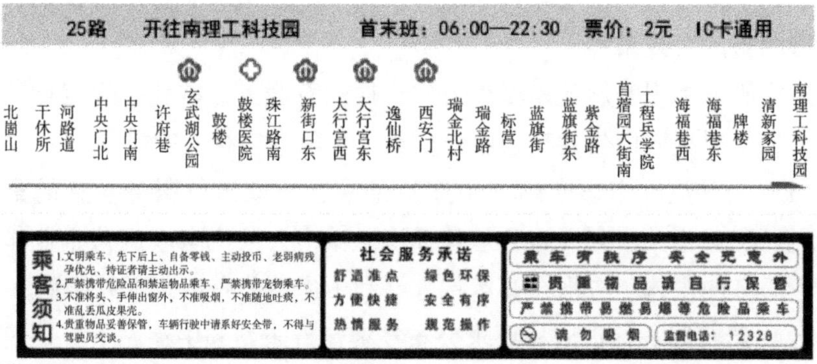

图4-2　中途站信息公布示范图

案例

江苏省关于公共汽电车场站配置的相关规定

江苏省地方标准《城市公共汽电车运营服务规范》（DB 32/T 2980—2016）明确了场站相关配置规范。

1. 站台

（1）设施整洁，周边无杂物，应配备垃圾桶。边缘宜根据需要设置安全护栏。宜按《无障碍设计规范》（GB 50763—2012）的要求设置站台无障碍设施。

（2）具备条件的站台应按定点停车的要求设置标志标线。标志标线设计应符合《道路交通标志和标线》（GB 5768—2009）的规定。

（3）停靠线路多于6条的车站，站台宜分组分区段设置。

（4）广告设置不应影响站台使用性质和功能。

（5）宜设置三维地图指引信息，增设5分钟、10分钟步行圈示意图，包括附近主要公共建筑设施、街道名称、附近其他主要公交站台、地铁线路图、掌上公交二维码等服务信息。

2. 候车亭

（1）应安全、实用、美观、简洁且便于维护。

（2）应便于乘客遮阳、避雨，不影响乘客集散和行人通行。

（3）有条件的宜设置候车座椅。

3. 站牌

（1）内容、形式和技术要求应符合《城市公共交通标志》（GB/T 5845—2008）的规定。

（2）站牌宜设在站台前端，朝向和高度便于查看，不影响乘客集散。分组分区段停靠的线路，其站牌应设在相应停靠区域的前端。

（3）线路信息发生改变的，应及时更改或更换站牌。

（4）保持清洁完好，定期维护，发现污损、毁坏等情况时应及时修复。

（5）站名设置应依据《江苏省地名管理条例》，以地名为主。

①遵循有利识别、方便群众的原则。

②宜保留市民熟知、长期使用的站名，以站点所在道路名、所在地地名、附近的文物古迹或者标志性建筑物的名称冠名。

③不可一站多名、多站同名。

（6）站牌应标明本站站名、线路名称、下站站名、首末班时间、行驶方向、沿线停靠站名、本站位置提示标记、线路票价、掌上公交二维码等信息，宜显示出与其他公共交通方式的衔接信息（如换乘地铁站等）。

（7）夜间线路及营运班次间隔在30分钟以上的线路，应标明每一班次的发车时间。

4. 首末站

（1）应具备人性化、标准化的特点，体现"以人为本、综合服务"的导向。

（2）应具备乘客服务功能，设置公交导乘、生活便民及安全保障设施等。

（3）应设置乘客候车区、公交车辆到发区、停车区，宜采用人、车隔离系统，保障乘车安全。

（4）应设运营服务人员休息、餐饮、卫生等场所和设施，可根据需要设置运营服务人员夜间休息室。

（5）站内停车场地保持平整，无积水、污物，无流动摊贩，无垃圾堆放，服务设施应保持清洁、卫生。

（6）应设线路管理、行车调度的工作用房和相应设施。

（7）应设车辆检修、应急维修和保洁的场地和设施。

（8）宜安装车辆调度电子显示屏，配置信息服务系统。

（9）用地面积不宜小于每标台100平方米。新建站设有加油（气）设施的，其用地面积应按照《汽车加油加气站设计与施工规范》（GB 50156—2012）的要求另行核算后，计入首末站的总用地面积。新建站设有充电设施的，其用地面积应按《电动汽车充电站通用要求》（GB/T 29781—2013）的要求另行核算后，计入首末站的总用地面积。

【条文】

第二十七条 运营企业聘用的从事城市公共汽电车客运的驾驶员、乘务员，应当具备以下条件：

（一）具有履行岗位职责的能力；

（二）身心健康，无可能危及运营安全的疾病或者病史；

（三）无吸毒或者暴力犯罪记录。

从事城市公共汽电车客运的驾驶员还应当符合以下条件：

（一）取得与准驾车型相符的机动车驾驶证且实习期满；

（二）最近连续3个记分周期内没有记满12分违规记录；

（三）无交通肇事犯罪、危险驾驶犯罪记录，无饮酒后驾驶记录。

【释义】

本条是关于城市公共汽电车驾驶员、乘务员聘用条件的规定。

一、规定了企业聘用城市公共汽电车驾驶员、乘务员需要具备的基本条件

城市公共汽电车驾驶员和乘务员是城市公共汽电车生产运营的主体，

是为社会公众提供服务的一线人员，也是公交服务的第一责任人。因此，很有必要对城市公共汽电车驾驶员、乘务员的聘用条件做出规定。对城市公共汽电车驾驶员、乘务员的从业条件要求包括三款，相关人员必须同时满足以上三款要求。身心健康是指身体和心理健康，对于心理健康通常是指无影响驾驶安全的心理疾病。本条中所称"暴力犯罪"，包括《中华人民共和国刑法》（以下简称《刑法》）第十七条规定的故意杀人、故意伤害致人重伤或者死亡、强奸、抢劫、贩卖毒品、放火、爆炸、投毒罪等犯罪情形。

二、城市公共汽电车驾驶员还需具备一定的职业技能和基本执业记录

从事城市公共汽电车运营服务的驾驶员除满足上述从业条件要求外，还必须同时具备"取得与准驾车型相符的驾驶证且实习期满""最近连续3个记分周期内没有记满12分违规记录""无交通肇事犯罪、危险驾驶犯罪记录，无饮酒后驾驶记录"三项条件，缺一不可。拟申请从事城市公共汽电车运营服务的驾驶员只有完全具备这些条件，才能成为城市公共汽电车运营车辆的驾驶员，从事城市公共汽电车运营服务经营。在面向社会招聘驾驶员时，运营企业可以结合公共交通服务的特点，在满足上述法规要求的基础上，适当提高客运驾驶员的录用条件。

1. 准驾车型问题

《道路交通安全法》第十九条第五款规定："驾驶机动车，应当依法取得机动车驾驶证。"这里所称"驾驶证"，是指公安机关交通管理部门依法发给机动车驾驶员，证明机动车驾驶员具有驾驶相应类别的机动车能力的资格凭证，是允许机动车驾驶员驾驶相应类别的机动车的法定证件。

2. 实习期满问题

《机动车驾驶证申领和使用规定》（公安部令2016年第139号）第七十四条规定，机动车驾驶人初次申请机动车驾驶证和增加准驾车型后的12个月为实习期。新取得城市公交车驾驶证的，实习期结束后三十日内应当参加道路交通安全法律法规、交通安全文明驾驶、应急处置等知识考试，并接受不少于半小时的交通事故案例警示教育。《道路交通安全法实施条例》第二十二条规定："机动车驾驶人在实习期内不得驾驶公共汽车。"

3. 最近连续 3 个记分周期内没有记满 12 分违规记录

《机动车驾驶证申领和使用规定》（公安部令 2016 年第 139 号）第六十五条规定："道路交通安全违法行为累积记分周期（即记分周期）为 12 个月，满分为 12 分，从机动车驾驶证初次领取之日起计算。"第六十八条规定："机动车驾驶人在一个记分周期内累积记分达到 12 分的，公安机关交通管理部门应当扣留其机动车驾驶证。"本条"最近连续 3 个记分周期内没有记满 12 分违规记录"的含义是：

（1）取得驾驶资格满 3 年的，自取得相应的驾驶资格之日起倒计 3 周年内每年违章记分都未满 12 分。

（2）取得机动车驾驶资格不满 3 年的，自取得机动车驾驶资格之日起各个记分周期违章记分都未满 12 分。

4. 交通肇事、危险驾驶犯罪记录和酒后驾驶记录问题

从事城市公共汽电车运营服务的驾驶员自从事城市公共汽电车运营服务之日起倒计至获得机动车驾驶资格时，应当没有交通肇事犯罪、危险驾驶犯罪记录，无饮酒后驾驶记录。这些信息记录，需要城市公共交通主管部门加强与公安交通主管部门的协作联动，为运营企业查询相关信息提供最大程度的便利。

关于违反本条规定进行处罚的，同第六十一条释义。

案例

国外城市公共汽（电）车驾驶员从业制度

国际上通行做法是实行城市公共汽（电）车驾驶员从业资格制度。

城市公共交通驾驶员不同于普通驾驶员，承担着公共承运人的任务，在运输生产第一线为乘客服务，其素质直接关系到人民的生命和财产安全，关系到运输服务质量，承担着较大的社会和经济责任。国外经验表明，加强公共交通驾驶员职业培训，实行从业资格制度，可以保证公共交通驾驶员的驾驶技能和职业素质，防止条件不合格的驾驶员从事公共交通经营活动，从而更好地保障社会公众的利益。美国、德国、加拿大等许多国家都实行了商用车驾驶资格

制度，在实践中取得了较好效果。

2009 年，英国驾驶标准局（The Driving Standards Agency, DSA）出台了《公交与长途客车驾驶官方导则》，规定申请驾驶 3.5 吨以上公交及商业客运车辆的驾驶员须在获得普通驾驶证的基础上，通过 CPC（Driver Certificate of Professional Competence）认证。CPC 考试分为四部分：第一部分为理论考试；第二部分为驾驶员职业能力案例研究考试；第三部分为驾驶能力考试；第四部分为实际驾驶能力考试。同时，为了保持"职业能力证书"，必须进行定期的职业培训（5 年内不得少于 35 小时，即每年不少于 7 小时）。英国驾驶标准局（DSA）和北爱尔兰驾驶员车辆管理局（The Driver and Vehicle Agency, DVA）作为政府主管部门共同设定了一个官方认证机构（Joint Approvals Unit for Periodic Training, JAUPT）负责培训的管理和认证。培训由经 JAUPT 批准的培训机构按照 JAUPT 认可的培训课程进行。这些培训机构一般是相关的行业协会和专业机构。通过 CPC 认证的驾驶员获得公交及商业客运车辆驾驶资格证（Driver Qualification Card, DQC），有效期为 5 年。CPC 认证制度已在欧盟成员国推行。

1986 年，美国联邦颁布了《商务车安全法》，规定 1992 年 4 月以后驾驶公共汽车、校车、商业客运车辆的驾驶员最低标准应取得商业驾驶员执照（Commercial Driver's License, CDL）。美国联邦机动车安全管理局（The Federal Motor Carrier Safety Administration, FMCSA）统一制定 CDL 认证标准，要求各州升级原有驾驶员培训考试体系达到 CDL 标准。《商务车安全法》要求驾驶不同类型商务车辆的驾驶员通过不同要求的考试来取得不同类型的 CDL 执照（在 CDL 执照上注明不同代码加以区别）。例如，校车驾驶员需通过知识和操作技能测试获得 CDL-S 执照，公交和商业客车驾驶员需通过知识和操作技能测试获得 CDL-P 执照，拖车驾驶员需通过知识测试（无须操作技能测试）获得 CDL-T 执照。同时规定，各州可以对公交及商业客运驾驶员制定额外的知识技能规定，通过测试后以特殊代码形式在执照上加以注明。

CDL执照的申请流程、费用、有效期、培训测试和发证等由各州自行规定。CDL测试由各州按照联邦最低标准自行组织。各州可以委托第三方（另一个州，个人，私人驾驶培训机构或其他私人机构、部门、组织或地方政府）来开展技能测试。

以加利福尼亚州为例，州政府规定，公交及从事商业客运的驾驶员需获得CDL-P执照。公交司机及从事商业客运服务的司机在首次获得资格之前，必须通过15小时的课堂培训和20小时的在车培训，培训师必须持有美国交通部（DOT）官方认证资格。公汽驾驶员资格证书每年更新，要求每年至少完成8小时的课堂培训。培训内容包括但不限于：当前的法律法规，事故预防，应急程序，乘客上车与下车等。申请者需获得由加州交通局颁发的客运培训证书方可申请公共汽车驾驶员资格或资格的重新认证。

【条文】

第二十八条 运营企业应当按照有关规范和标准对城市公共汽电车客运驾驶员、乘务员进行有关法律法规、岗位职责、操作规程、服务规范、安全防范和应急处置等基本知识与技能的培训和考核，安排培训、考核合格人员上岗。运营企业应当将相关培训、考核情况建档备查，并报城市公共交通主管部门备案。

【释义】

本条是关于城市公共汽电车运营企业对驾驶员、乘务员培训考核的规定。

一、明确了运营企业是驾驶员、乘务员培训和考核的责任主体

城市公共汽电车运营企业应当作为从业人员培训和考核的主体组织开展相关培训和考核工作，安排培训、考核合格人员上岗。这是企业生产活动的重要组成部分，也是企业安全标准化工作的重要环节，是落实企业安全生产责任制的重要内容。本条款主要是明确要求由企业对驾驶员、乘务员进行相应的培训和考核，并安排培训、考核合格人员上岗，并定期开展继续教育。这样，既保证了关键岗位人员的从业素质，同时又有利于充分发挥运营企业这一市场主体的经营自主权。

二、明确了驾驶员、乘务员培训和考核的具体内容

城市公共汽电车行业从业人员培训和考核的内容包括法律法规、岗位职责、操作规程、服务规范、安全防范和应急处置等基本知识与技能。其中法律法规包括城市公共交通行业的有关国家法律、部门规章、地方法规、企业制度等；岗位职责包括有关法律法规、规范中对从业人员的职责要求，也包括企业制定的岗位要求；操作规程包括有关标准规范及企业管理中对特定工作的操作要求；服务规范包括相关的国家、行业、地方和企业服务标准规范；安全应急基本知识包括安全应急的制度安排、应急预案等。企业可结合自身实际和地方特点对考核培训内容进行拓展。

案例

北京公交服务培训

《运营中司乘人员遇到治安问题怎么办（18个怎么办）》内容包括：

一、发动机起火怎么办

（1）立即靠边停车熄火开门（断电情况下使用应急开门截气阀），迅速疏散乘客，抢救人员；

（2）关闭电源、燃油、燃气总开关；

（3）取出灭火器材，做好灭火准备，前置式发动机应从发动机底部和发动机盖缝隙处进行扑救。后置式发动机应打开后机舱门，对准起火点进行扑救；

（4）就近寻求帮助，同时向"119"报警，向单位领导报告。

二、车用自动灭火装置启动怎么办

（1）立即靠边停车熄火开门，迅速疏散乘客；

（2）取下灭火器材，做好灭火准备，打开机舱查看；

（3）向乘客做好说明和疏导工作，协助乘客换乘；

（4）向单位领导报告。

提示用语：请不要惊慌，这是车用自动灭火装置启动的响声，没有危险，请不要拥挤，顺序下车。

三、发现或闻到易燃易爆物品泄漏怎么办

（1）立即靠边停车熄火开门，迅速疏散乘客；

（2）关闭电源、燃油、燃气总开关，劝阻周边群众不要吸烟；

（3）采取应急措施控制泄漏，取出灭火器做好扑救准备；

（4）向"110""119"报警，向单位领导报告；

（5）保护现场，控制住当事人，协助公安民警开展工作。

四、乘客辱骂或殴打司乘人员怎么办

（1）坚持打不还手、骂不还骂，得理让人、以理服人；

（2）遇乘客骂人，可以正面进行教育；

（3）如乘客打人，可将打人乘客带到车队解决，或报警听从民警指挥处置；

（4）留下2名以上目击证人及联系方法。

五、车内乘客打架怎么办

（1）正面教育、劝阻；

（2）劝阻无效向"110"报警，听从民警指挥处置，不要随意开门；

（3）如打人者强行逃逸，应注意观察其体貌特征及逃跑方向，配合公安机关调查；

（4）及时向单位领导报告。

六、乘客财物被盗怎么办

（1）向当事人了解被盗财物情况，协助报警；

（2）不得开门，听从民警指挥处置；

（3）及时向单位领导报告。

提示用语：各位乘客，有乘客财物被盗，已经报警，民警马上就来，暂时不能开门，请大家协助配合。

七、车内有人撒传单、展示横幅等非法活动怎么办

（1）立即停车，向"110"报警或向附近执勤民警报告；

（2）注意发现涉嫌人员，协助公安民警处置；

（3）及时向单位领导报告。

提示用语：各位乘客，车上有人撒传单（打横幅），已经报警，请大家协助我们工作。

八、发现车厢有非法标语怎么办

（1）立即报告领导；

（2）保护现场，可采取遮盖等方式保留证据；

（3）向"110"或附近执勤民警报警，听从民警指挥处置。

九、发现集体乘车上访怎么办

（1）严格按站停车，禁止出线行驶；

（2）立即向"110"或附近执勤民警报警，听从民警指挥处置；

（3）迅速向单位领导报告。

十、移动电视被非法插播怎么办

（1）立即靠边停车熄火，关闭电源；

（2）拔掉移动电视保险，关闭移动电视电源；

（3）向"110"报警，向单位领导报告，听从民警指挥处置；

（4）保护现场，留下2名以上目击证人及联系方法。

十一、乘客突发重病或死亡怎么办

（1）靠边停车，向"120"或"999"求助，向"110"报警，向单位领导报告，对乘客做好解释工作；

（2）听从急救中心医护人员的指挥，不得移动死者身体，保护现场；

（3）留下2名以上目击证人及联系方法；

（4）协助公安民警、医护人员处置。

十二、车内发生抢劫怎么办

（1）设法向"110"或附近执勤民警报警，听从民警指挥处置；

（2）注意观察作案人员的体貌特征、衣着、凶器及逃跑方向，配合公安机关调查；

（3）救助受伤乘客；

（4）留下2名以上目击证人及联系方法；

（5）及时向单位领导报告。

十三、有人劫持车辆怎么办

（1）保持冷静，坚守岗位，控制住驾驶机构；

（2）想方设法稳定劫持人的情绪，与其周旋，相机处置；

（3）不要把车辆停放在重点要害部位；

（4）寻机疏散乘客，设法报警、报告；

（5）救助伤员，协助公安民警开展工作。

十四、有人抢劫车辆怎么办

（1）保持冷静，坚守岗位，控制住驾驶机构；

（2）想方设法尽力阻止，保护乘客和自身的安全；

（3）设法及时报警、报告；

（4）在危急情况下，应果断采取熄火、扔掉车钥匙、拽断发动机控制线路等紧急措施切断电源，使车辆不能行驶。防止作案人员利用公交车辆制造恶性事端。

十五、车内发现可疑爆炸物品怎么办

（1）立即靠边停车熄火，以"车辆发生故障"为由迅速疏散乘客；

（2）如乘客拒绝下车，应告知"车上发现可疑危险品"并组织疏散，同时尽可能留下乘客的联系方式；

（3）禁止触动可疑爆炸物品，关闭电源、燃油、燃气总开关；

（4）迅速向"110"报警，向单位领导报告；

（5）协助乘客换乘，防止群众围观。

十六、有人扬言爆炸怎么办

（1）立即平稳靠边停车熄火；

（2）保持冷静，与其周旋，尽可能稳定其情绪；

（3）想办法报警、报告，寻机疏散乘客；

（4）协助公安民警开展工作。

十七、车内发生爆炸怎么办

（1）立即靠边停车熄火开门，迅速疏散乘客，抢救人员；

（2）迅速向"110"报警，向单位领导报告；

（3）扑救爆炸引起的火灾；

（4）保护现场，留下2名以上目击证人，协助公安民警开展工作。

十八、有人在车上纵火怎么办

如未起火：

（1）立即靠边停车熄火开门，迅速疏散乘客；

（2）想方设法稳定作案人的情绪，与其周旋，阻止其纵火；

（3）取出灭火器，作好扑救准备；

（4）向"110"报警、向单位领导报告；

（5）协助公安民警开展工作。

如发生起火：

（1）立即靠边停车熄火开门，迅速疏散乘客，抢救人员；

（2）关闭电源、燃油、燃气总开关，扑救火灾；

（3）向"110"报警、向单位领导报告；

（4）保护现场，留下目击证人，协助公安民警开展工作。

三、规定了运营企业应建立相应档案并报主管部门备案

运营企业应当对其组织的培训和考核的过程、内容、结果等情况进行记录，建立相应档案，并报送城市公共交通管理部门备案，以便行业主管部门掌握和开展有关行业指导工作。

知识链接

城市公共汽电车从业人员培训考核的相关规定

《安全生产法》规定，未经安全生产教育和培训合格的从业人

员，不得上岗作业。驾驶员岗前培训可以分为理论培训和实际驾驶操作培训，理论培训主要是结合岗位的职责和工作特点，培训国家道路交通安全和安全生产相关法律法规、安全行车知识、典型交通事故案例警示教育、职业道德、安全告知知识、应急处置知识、企业有关安全运营管理的规定等内容。实际驾驶操作培训以熟悉车辆性能、运营线路、驾驶操作以及服务要求等为主要内容。

实际驾驶操作培训一般结合驾驶员上岗后实际运营线路来组织。为了确保训练过程中的安全，驾驶员可以跟车熟悉和了解公交车辆性能和运营线路情况。公交车辆性能主要包括车辆的构造常识，操纵装置及其操作方法，主要安全装置及其操作方法，应急安全装置及其操作方法，车辆的通过性等。驾驶员可通过阅读《车辆使用手册》学习掌握以上知识技能。运营线路情况主要包括线路里程、中途站点、道路状况、信号设置、道路标识以及其他行车安全注意事项。

【条文】

第二十九条　从事城市公共汽电车客运的驾驶员、乘务员，应当遵守以下规定：

（一）履行相关服务标准；

（二）按照规定的时段、线路和站点运营，不得追抢客源、滞站揽客；

（三）按照价格主管部门核准的票价收费，并执行有关优惠乘车的规定；

（四）维护城市公共汽电车场站和车厢内的正常运营秩序，播报线路名称、走向和停靠站，提示安全注意事项；

（五）为老、幼、病、残、孕乘客提供必要的帮助；

（六）发生突发事件时应当及时处置，保护乘客安全，不得先于乘客弃车逃离；

（七）遵守城市公共交通主管部门制定的其他服务规范。

【释义】

本条是关于城市公共汽电车驾驶员、乘务员工作职责和义务的规定。

一、按相关服务标准履职

城市公共汽电车从业人员的履职能力直接关系到行业服务质量和行业形象，进而影响行业的健康发展。因此，加强从业人员履职能力管理是促进行业管理规范化的必要手段，相关标准《城市公共汽电车客运服务规范》（GB/T 22484—2016）、《城市公共汽电车驾驶员操作规范》（JT/T 934—2014）也对加强城市公共汽电车从业人员履职能力做出了规范。

二、按规定时间、线路、开展运营

城市公共汽电车承担着为群众出行提供安全、便捷的基本公共服务职能，线路运营按固定计划实施，是市民出行安排的重要参考依据。如争抢客源、随意终止、停靠滞站，将会给群众出行造成困难，对社会产生不利的影响，侵害社会公共利益。

三、依法、依规执行票价收费

城市公共汽电车优惠乘车等规定是城市人民政府统筹考虑公交优先发展、社会责任承担等方面而制定的票价政策，如特殊人群免费乘车或者优惠乘车、刷卡优惠、换乘优惠等。《中华人民共和国残疾人保障法》规定："县级以上人民政府对残疾人搭乘公共交通工具，应当根据实际情况给予便利和优惠"；《关于进一步加强老年人优待工作的意见》（全国老龄办发〔2013〕97号）规定："鼓励对65周岁以上老年人实行免费。"

四、维护好车内、站内秩序

城市公共汽电车客运驾驶员、乘务员是车厢内的运营秩序维护者，有如下义务：组织、管理和保障车厢内秩序良好；在车辆进、出站时，及时向车内乘客播报到达和下一站点信息；合理设置报站器、移动电视等播报设备的音量，为乘客提供及时有效的公共信息服务；疏导车厢通道上的乘客，做好文明乘车、安全防范的宣传；车辆进站、拐弯时提醒乘客扶好、坐好，注意乘车安全；劝阻和制止违反乘车规则的行为。

五、为特殊乘客提供帮助

尊老爱幼是中华民族的传统美德。为老、幼、病、残、孕乘客提供必要的帮助，如引导乘客让座、提供爱心服务、帮扶上下车等，能够体现驾驶员、乘务员的职业道德，社会各界应当予以鼓励和支持。

六、能够正确应对突发事件

城市公共汽电车客运驾驶员、乘务员是车辆发生突发事件时车厢安全的第一责任人。在车辆发生突发事件时，应采取相应的处理方式，保证乘客先行疏散。如立即停车，打开车门，切断电源，组织乘客迅速离车，就近寻求援助，需要时及时报警，协助乘客疏散。发生乘客受伤等事故时，应积极配合有关人员抢救受伤人员，保护现场等。

七、遵守城市公共交通主管部门的其他服务规范

各级各部门要越来越重视标准规范的作用，不断提升标准规范对从业人员履职能力的指导作用和对行业服务质量的监管作用。各城市人民政府和城市公共交通主管部门应结合实际制定地方服务标准和服务规范，公共汽电车驾驶员和乘务员等必须按照相应的服务规范进行操作。

知识链接

《城市公共汽电车客运服务规范》对运营服务人员的相关要求

《城市公共汽电车客运服务规范》（GB/T 22484—2016）中对运营服务人员提出了以下要求：

(1) 身体条件符合岗位工作的要求。

(2) 遵纪守法，具有良好的职业道德。

(3) 具有相应的职业资格。

(4) 岗位培训合格，并定期接受继续教育。

(5) 工作时按规定着装，佩戴或放置服务证、卡。

(6) 衣着整洁、仪表端庄、举止大方、文明礼貌。

(7) 用普通话服务，吐字清楚，语速适中，用语文明。

(8) 在少数民族地区、方言较难懂的地区及外宾较多的地区，

宜使用多语言服务。

（9）尊重乘客，态度和蔼，耐心解答乘客的询问。

（10）在服务过程中，不吸烟、不吃零食、不与人闲谈，不做其他与本职工作无关的事，不擅离工作岗位。

案例

湖北省对城市公共交通从业人员服务的相关要求

湖北省人民政府发布的《湖北省城市公共交通发展与管理办法》（湖北省人民政府令第368号）明确要求城市公共交通从业人员服务时应当遵守下列规定：

（1）衣着整洁，文明礼貌；

（2）按照核准的收费标准收费，提供有效的票证；

（3）执行有关优惠或免费乘车的规定；

（4）正确及时报清公共汽车线路名称、行驶方向和停靠站名称，提示安全注意事项，为老、幼、病、残、孕乘客提供可能的帮助；

（5）按照核定的运营线路、车次、时间发车和运营，不得到站不停、滞站揽客、中途甩客、违章占道，不得擅自站外上下乘客、中途调头；

（6）按规定携带、佩戴相关证件；

（7）合理调度、及时疏散乘客；

（8）遵守城市公共交通的其他服务规范。

【条文】

第三十条 运营企业应当按照线路特许经营协议规定的线路、站点、运营间隔、首末班次时间、车辆数、车型等组织运营。未经城市公共交通主管部门同意，运营企业不得擅自改变线路特许经营协议内容。按照第十七条规定变更协议内容签订补充协议的，应当向社会公示。

【释义】

本条是关于城市公共汽电车运营企业运营组织的规定。

一、明确城市公共汽电车运营企业运营组织的相关要求

一是规定城市公共汽电车运营企业应当按照特许经营协议规定的相关内容组织运营；

二是规定城市公共汽电车运营企业不得擅自改变协议内容；

三是规定变更协议内容签订补充协议的，应向社会公示。

二、明确城市公共汽电车企业按照特许运营协议规定运营

本条明确了运营线路、站点、运营间隔、首末班次时间、车辆数、车型等关系到乘客出行服务水平的相关要素要求，并且应当在线路运营权特许经营协议中予以明确，接受城市公共交通主管部门和社会监督，并明确了相关参数需要变更的流程。关于社会公示问题，一般可通过新闻媒体、网络平台、站内张贴公告等方式进行公示，公示期原则上应不少于7天，特殊情况下应及时采取临时宣传措施。

【条文】

第三十一条 运营企业应当依据城市公共汽电车线路特许经营协议制定行车作业计划，并报城市公共交通主管部门备案。运营企业应当履行约定的服务承诺，保证服务质量，按照行车作业计划调度车辆，并如实记录、保存线路运营情况和数据。

【释义】

本条是关于城市公共汽电车运营企业线路运营服务要求规定。

一、规定了运营企业应当制定行车作业计划

这里所称的行车作业计划是在线路客流调查的基础上制定的行车时刻表、车辆运能、人员出勤情况编排及车次配备生产作业计划，是城市公共汽电车企业营运计划的主要内容。在不同时期客流会产生规律性变化，因此行车作业计划可按季节、月度、平日（周一至周五）、节假日等进行编排。运营企业必须制定符合市民出行需求和政府规划需求的公共汽电车运营计划，并将计划指标在时间上分解到季度、月度、每周和每日，在空间上落实到城区的每个片区，细化到每条运营线路。运营企业根据运营计划编制场站建设、车辆配置、技术维修、人员配置、后勤供应等各项保障计划，并通过各环节高效敏捷地运转，以服务于运营计划指标的实现。

二、规定了行车作业计划的制定要求

行车作业计划要按照特许经营协议的要求制定，并应当报城市公共交通主管部门备案。行车作业计划的兑现率是评价城市公共汽电车服务水平的重要依据，编制行车作业计划应把握好程序性、科学性和灵活性等原则，并在实际工作中根据客流、车辆和道路情况的变化，合理调配班次，保证整体的运营秩序：

（1）应定期对线路进行客流调查，视情调整运行计划；

（2）应根据客流数据、服务质量要求，编制平日和节假日行车时刻表；

（3）应根据行车时刻表、车辆运能和人员出勤情况编排车次配班计划；

（4）应编制突发事件时的应急调度预案。

三、规定了城市公共汽电车运营企业的职责

城市公共汽电车运营企业应当根据行车作业计划调度车辆，并如实记录、保存线路运营情况和数据。

【条文】

第三十二条 运营企业应当及时向城市公共交通主管部门上报相关信息和数据，主要包括运营企业人员、资产等信息，场站、车辆等设施设备相关数据，运营线路、客运量及乘客出行特征、运营成本等相关数据，公共汽电车调查数据，企业政策与制度信息等。

【释义】

本条是关于城市公共汽电车运营企业信息数据收集和报送的规定。

一、明确了城市公共汽电车运营企业"应当及时"上报的相关信息和数据

相关信息和数据主要包括运营企业人员、资产等信息，场站、车辆等设施设备相关数据，运营线路、客运量及乘客出行特征、运营成本等相关数据，公共汽电车调查数据，企业政策与制度信息等。具体的上报工作程序和要求，应当由城市公共交通主管部门制定相应的工作规范予以明确。

二、规定了企业上报信息、数据的义务

公交运营数据是政府行业主管部门科学指导行业发展、日常监管、补贴发放等的重要依据，运营企业上报相关数据是城市公共交通管理部门获取准确数据的重要途径。运营企业有及时、准确上报信息、数据的责任和义务，对需要上报的相关信息和数据要动态收集、及时上报。

【条文】

第三十三条　由于交通管制、城市建设、重大公共活动、公共突发事件等影响城市公共汽电车线路正常运营的，城市公共交通主管部门和运营企业应当及时向社会公告相关线路运营的变更、暂停情况，并采取相应措施，保障社会公众出行需求。

【释义】

本条是关于城市公共汽电车线路因故不能正常运营时需采取临时公交运营组织措施的规定。

一、明确了运营时需采取临时公交运营组织措施所适用的情形

本条款适用于"交通管制、城市建设、重大公共活动、公共突发事件"等情形。

二、明确了城市公共交通主管部门和运营企业为采取变更措施的责任主体

当因城市建设、重大公共活动、恶劣天气等原因，公交线路需临时调整的，城市公共交通主管部门和运营企业有义务及时向社会告知，一般由企业通过沿线站点张贴公告的方式向乘客告知，便于乘客采取其他方式出行。具体公示期限和形式同第十九条、第三十条释义。

三、规定了城市公共汽电车线路因故不能正常运营时需采取临时公交运营组织措施

采取临时公交运营组织是城市公共汽电车企业应对影响城市公共汽电

车线路正常运营的手段之一。

> **案例**
>
> ### 南京市城市公共交通非正常运营管理措施
>
> 《南京市公共客运管理条例》规定：
>
> （1）因工程建设、重大活动等特殊情况影响公共汽车运营需要调整线路的，运输管理机构应当及时调整线路并提前向社会公布。
>
> （2）因重大社会活动、突发事件、恶劣天气、抢险救灾等需要而采取的临时措施，公共客运经营者应当服从市、区、县人民政府的统一指挥。市、区、县人民政府应当根据情况给予相应补偿。

【条文】

第三十四条　城市公共交通主管部门应当根据社会公众出行便利、城市公共汽电车线网优化等需要，组织运营企业提供社区公交、定制公交、夜间公交等多样化服务。

【释义】

本条是关于城市公共汽电车多样化服务方式的规定。

一、明确了城市公共交通主管部门应当因地制宜，确定城市公共汽电车运营服务方式

多样化公交服务是城市交通运输主管部门和城市公共汽电车运营企业精细化管理、精准化服务的一种体现。国家积极引导和鼓励发展多样化公交服务。交通运输部发布的《城市公共交通"十三五"发展纲要》提出，不断推进城市公共交通供给侧改革，丰富城市公交服务形式，鼓励开行大站快车、区间车等多种运营组织形式，积极发展商务班车、定制公交、社区公交、旅游专线等多种形式的特色服务。因此，大力发展不同服务模式的公共汽电车客运服务，能够丰富服务供给方式，满足不同人群的出行需求，提高公共汽电车的受众面，吸引更多的人乘坐公共交通。

二、规定了确定城市公共汽电车多样化服务方式的要求

城市公共汽电车多样化服务方式的确定，要符合公众出行便利、公交线网科学优化、公共资源节约集约、兼顾差异化服务等基本要求。本条所提出的"社区公交、定制公交、夜间公交"应当符合第二条有关规定。

案例

北京定制公交商务班车

　　北京定制公交商务班车是依托定制公交平台而设计的一种多样化公交服务方式。在对广大乘客进行出行调查的基础上，北京公交集团根据调查结果设计商务班车线路，并在定制公交平台上招募乘客、预订座位、在线支付，根据约定的时间、地点、方向开行。商务班车可以走公交专用道，具备优先通行的优势；采用一人一座、一站直达、优质优价的服务方式；使用配备空调和车载 Wi-Fi 的公交车，为广大乘客提供安全、快捷、舒适、环保的公交出行服务。

　　定制公交商务班车的乘车费用由预订座位费用和每次乘车时刷卡费用两部分构成，即乘车费用＝预订座位费用＋每次乘车时刷卡费用。预订种类分为整月预订（预订一个开行周期内工作日的座位）和非整月预订（在已开行的周期内，预订连续若干工作日或某工作日的座位）。缴费人数达到车辆座位50%以后，一周内开行。

【条文】

　　第三十五条　发生下列情形之一的，运营企业应当按照城市公共交通主管部门的要求，按照应急预案采取应急运输措施：

　　（一）抢险救灾；

　　（二）主要客流集散点运力严重不足；

　　（三）举行重大公共活动；

　　（四）其他需要及时组织运力对人员进行疏运的突发事件。

【释义】

本条是关于城市公共汽电车运营企业采取应急运输的规定。

一、规定了采取应急运输措施的四种情形

本条的适用范围包括上述四款，一是抢险救灾，二是主要客流集散点运力严重不足，三是举行重大公共活动，四是其他需要及时组织运力对人员进行疏散的突发事件。这些特殊情形，一般应在当地人民政府批准通过的城市公共汽电车应急预案中予以明确，并按照应急预案的相关要求，在发生相应状态后，及时启动应急预案，保障正常的运输秩序。

二、明确了针对四种情形，城市公共交通主管部门和城市公共汽电车运营企业应当制定相应的应急预案

如果达到城市公共交通应急预案规定的级别，则应当由城市人民政府依照《中华人民共和国突发事件应对法》第四十四条、第四十五条规定和相应的应急预案要求，采取相应措施。

【条文】

第三十六条 城市公共汽电车客运场站等服务设施的日常管理单位应当按照有关标准和规定，对场站等服务设施进行日常管理，定期进行维修、保养，保持其技术状况、安全性能符合国家标准，维护场站的正常运营秩序。

【释义】

本条是关于城市公共汽电车客运场站等服务设施的日常管理的规定。

一、规定了城市公共汽电车客运场站等服务设施应当明确专门的日常管理单位

城市公共汽电车客运场站等服务设施是公交网络的重要节点，是连接居民公交出行的重要纽带，也是城市公共交通行业形象的展现，因此需要明确服务设施日常管理单位，做好日常管理维护。

二、规定了日常管理的内容

日常管理包括对场站等服务设施的定期维修、保养。

三、规定了公交客运场站的设施内容

场站等服务设施主要包括站亭、站牌、护栏、电器设备等，相关设施要符合国家相关标准处于良好状态。

四、规定了日常管理单位的职责

日常管理单位应当定期对公交客运场站等服务设施进行检查，对站台地面破损，候车亭、站牌锈蚀、油漆脱落、信息被覆盖、缺损等情况应当及时做好修复、清理或更换，确保服务设施使用、显示等功能正常。

【条文】

第三十七条 运营企业应当按照国家有关标准，定期对城市公共电车触线网、馈线网、整流站等供配电设施进行维护，保证其正常使用，并按照国家有关规定设立保护标识。

【释义】

本条是关于城市公共电车运营企业对相关供配电设施进行维护的要求。

一、规定了城市公共电车的配电设施需要定期维护

城市公共电车是否安全运营是关系到城市公共安全的重要问题。相关供配电设施技术性能完好，是保障电车正常安全运营的基础。

二、明确了城市公共电车运营企业是配电设施维护的责任主体

作为城市公共电车的运营主体，运营企业有对相关配电设施进行定期维护的主体责任，应当履行安全维护义务。另外，城市公共电车运营企业应当按照城市规划总体要求，参照《电力设施保护条例》，在触线网、馈线网、整流站等关键区域设立保护标识，一方面保障城市公共电车电力设施完好，车辆正常运行；另一方面，避免市民因接触电力设施而产生安全隐患。

【条文】

第三十八条 乘客应当遵守乘车规则，文明乘车，不得在城市公共汽电车客运车辆或者场站内饮酒、吸烟、乞讨或者乱扔废弃物。

乘客有违反前款行为时，运营企业从业人员应当对乘客进行劝止，劝阻无效的，运营企业从业人员有权拒绝为其提供服务。

【释义】

本条是关于城市公共汽电车乘客乘车行为规范的规定。

一、明确了乘客在城市公共汽电车客运车辆、场站内应当禁止的行为内容

城市公共汽电车客运场站、车厢是公共场所，乘客在乘车期间应该遵守乘车规则，维护公共汽电车运营秩序和运营环境是公共汽电车企业或场站管理单位的重要职责。

二、明确了对于违反乘车规则的乘客，运营企业从业人员的职责

在城市公共汽电车客运车辆、场站内违反乘车规则的乘客，运营企业从业人员可以对其采取措施。由于运营企业是普通的经营主体，没有对乘客的人身强制权，在发生相应违反乘车规则的情况下，可以拒绝为相应乘客提供服务，但在采取"拒绝为其提供服务"措施时不宜扩大范围。

知识链接

《城市公共汽电车客运服务规范》有关规定

《城市公共汽电车客运服务规范》（GB/T 22484—2016）规定：司乘人员应向乘客进行文明乘车和安全防范的宣传，劝阻和制止乘客携带宠物、车内吸烟、头手伸出窗外、乱扔垃圾等违反乘车规则的行为。乘客较多时，应进行疏导。发生服务纠纷时，应冷静对待，化解矛盾，当矛盾激化无法控制时，应立即报警并向上级报告。因此，司乘人员应该制止不文明乘车行为，维护正常运行秩序，保护乘客安全。

案例

贵州省关于城市公共交通驾乘人员拒绝提供公共交通服务的相关规定

《贵州省城市公共交通条例》中规定，乘客有下列情形之一，城市公共交通车辆驾驶人、乘务员有权拒绝提供城市公共交通服务：

（1）携带影响公共乘车环境物品乘车的；

（2）精神病患者无人监护、酗酒者丧失自控能力无人陪同、行为不能自理者无人看护的；

（3）妨碍安全驾驶的其他行为。

【条文】

第三十九条 乘客应当按照规定票价支付车费，未按规定票价支付的，运营企业从业人员有权要求乘客补交车费，并按照有关规定加收票款。

符合当地优惠乘车条件的乘客，应当按规定出示有效乘车凭证，不能出示的，运营企业从业人员有权要求其按照普通乘客支付车费。

【释义】

本条是关于城市公共汽电车乘客乘车车费支付的规定。

一、规定了城市公共汽电车收取的票价要符合有关要求

票制票价的规定按照第二十一条相关规定执行。

二、明确了乘客接受城市公共汽电车服务时应履行支付车费的相关职责和义务

一是乘客应按照要求支付车费。二是乘客享受优惠乘车应当符合国家和地方确定的优惠政策，且要按规定出示有效的乘车凭证。优惠乘车政策是城市人民政府根据国家相关法律法规，统筹考虑公交优先发展、社会责任承担等方面制定的政策，可包括特殊人群免费乘车或者优惠乘车、刷卡优惠、换乘优惠等。

三、明确了运营企业从业人员的职责

运营企业从业人员有权对未按要求支付车费或未按规定出示有效乘车凭证的行为进行监督，并采取相应措施。

【条文】

第四十条 有下列情形之一的，乘客可以拒绝支付车费：

（一）运营车辆未按规定公布运营收费标准的；

（二）无法提供车票凭证或者车票凭证不符合规定的；

（三）不按核准的收费标准收费的。

【释义】

本条是关于城市公共汽电车乘客乘车拒支付车费情形的规定。

一、明确了乘客可以拒绝支付车费的三种情形

对于乘客可以拒绝支付车费权利的规定，体现了对乘客合法权益的保障。

二、规定了运营企业要按规定公布运营收费标准、提供车票凭证等职责

城市公共汽电车作为公益性行业，票制票价由政府核准并执行，运营企业应按照核准的票价收费并在车辆合理位置上公示收费标准信息，同时应提供符合要求的车票凭证，这是运营企业必须遵守的法定职责和义务。

一些城市的公共汽电车乘坐规则规定"使用电子乘车卡但是电子读卡机无法使用的"情况下，乘客可以拒绝支付车费。考虑到在公交 IC 卡等不能支付情况下，如果当班公共汽电车还可以提供人工购票等其他补充服务时，容易产生冲突和争议。为此，对于这种情况不宜作强制性规定，具体可由城市公共交通主管部门和价格主管部门等有关方面，结合本地实际制定严于《规定》的相关条款要求。

> **案例**
> ### 贵州省城市公共交通拒绝支付车费的有关规定
> 《贵州省城市公共交通条例》中规定，有下列情形之一，乘客可以拒绝支付车费：
> （1）未按照规定标准收费的；
> （2）使用乘车卡乘坐公共汽车时，验卡设施发生故障的。

【条文】

第四十一条 城市公共汽电车客运车辆在运营途中发生故障不能继续运营时，驾驶员、乘务员应当向乘客说明原因，安排改乘同线路后序车辆或者采取其他有效措施疏导乘客，并及时报告运营企业。

【释义】

本条是关于城市公共汽电车因故障中止运营时采取措施的规定。

一、规定了城市公共汽电车客运车辆驾驶员、乘务员在车辆因故障中止运营时的工作职责和义务

城市公共汽电车客运车辆驾驶员、乘务员作为车辆运营的第一责任人，应当在车辆因故障中止运营时采取相应措施并履行服务义务，第一时间向乘客说明中止运营原因，争取乘客的理解和配合，提升运营服务水平。

二、规定了城市公共汽电车客运车辆驾驶员、乘务员在车辆因故障中止运营时的服务操作流程

发生车辆故障等中止运营情况时，应按照服务规范及操作流程处理，第一时间向乘客做出说明，并及时向运营企业报告。报告内容应准确、简要，包括发生时间、具体地点、故障初步认定情况、乘客数量等具体情况。运营企业接到报告后，应第一时间调配后序车辆或采取其他措施疏导乘客。根据突发事件等级，确有必要的，应及时向城市公共交通主管部门报告。有条件的城市应当建立城市公交智能调度指挥系统，统筹调度指挥运营车辆，最大限度地减少因车辆故障等突发事件对乘客出行产生的不利影响，这也是提升运营服务水平的重要保障。

案例

湖北省城市公共交通车辆故障的有关规定

《湖北省城市公共交通发展与管理办法》（湖北省人民政府令第368号）第三十五条规定：城市公共交通车辆在运行中出现故障不能继续运营时，城市公共交通企业或其驾驶员应当安排乘客转乘同线路后续车辆，同线路后续车辆不得拒绝换乘和重复收费。

【条文】

第四十二条 进入城市公共汽电车客运场站等服务设施的单位和个人，应当遵守城市公共汽电车场站等服务设施运营管理制度。

【释义】

本条是关于城市公共汽电车客运场站等服务设施进入的规定。

一、规定了城市公共汽电车场站等服务设施应当有具体的运营管理制度

城市公共汽电车场站等服务设施是城市公共汽电车运营服务的根本依托、重要节点和主要支撑，因此应当有具体的运营管理制度，且应进行日常生产运营管理。

二、明确了进入城市公共汽电车客运场站等服务设施的单位和个人都必须服从相关的管理制度

场站等城市公共汽电车客运服务设施，是保证城市公共汽电车安全运营的重要节点。场站人员密集、车辆众多，组织难度要大于一般的停靠站点，为此，对进入城市公共汽电车客运场站的相关人员要求遵守必要的秩序和规则，是保障运营企业开展安全运营服务的工作前提。另外，由于相关资源特别是土地资源的稀缺，对城市公共汽电车场站等服务设施提出了综合开发、集约利用等要求，此种情况下进入服务设施的单位或者个人已经是不局限于与城市公共汽电车运营有关的单位或者个人，本条款规定了进入场站等服务设施单位和个人的进入前提是遵守场站等服务设施运营管理制度。

【条文】

第四十三条 运营企业利用城市公共汽电车客运服务设施和车辆设置广告的，应当遵守有关广告管理的法律、法规及标准。广告设置不得有覆盖站牌标识和车辆运营标识、妨碍车辆行驶安全视线等影响运营安全的情形。

【释义】

本条是关于城市公共汽电车客运服务设施和车辆设置广告的规定。

一、规定了城市公共汽电车客运服务设施和车辆广告设置必须符合法律、法规及标准要求

"有关广告管理的法律、法规"主要指《中华人民共和国广告法》、有关行政法规和广告主管部门的各项规定，以及地方层面出台的关于公共交通广告设置、管理的相关法规。

目前，我国《中华人民共和国广告法》主要从宏观层面对广告的内容、发布形式、要求等进行了规定，但未明确城市公共汽电车和场站等设施是否允许或者禁止设置广告。从国内外实践来看，目前城市公共交通车辆和场站一般均设立了广告业务，其广告业务的经验和管理普遍由城市公共汽电车运营企业或者其所属的相关广告企业承担，广告收入在一定程度上用于补贴城市公共汽电车运营。

二、规定了城市公共汽电车客运服务设施和车辆广告设置的安全要求

广告设置的基本要求是不得覆盖站牌标识和车辆运营标识，不得妨碍

车辆行驶安全视线，不能影响运营安全。

> **案例**
>
> ### 深圳市关于公共汽电车车上广告的相关规定
>
> 《深圳市公共汽电车服务规范》（SZDB/Z 8—2008）规定：
>
> （1）车身广告应当选择在车辆两侧车窗下沿以下部位，画面色彩应协调、简洁明快、整体美观。车身长度6～7.5米（含7.5米）的公共中小巴不应做车身广告。
>
> （2）车厢内除电子媒体、座套、座椅和拉手外，不应设置广告。
>
> （3）车辆广告内容符合广告管理、城市市容管理、道路管理的有关规定，广告不应覆盖车辆运营标志，不应阻碍行车安全视线。
>
> （4）车厢内广告、警示牌与提示牌应按有关规定统一制作，位置得当、排列有序、画面完整、安装牢固。

第五章 运营安全

【条文】

第四十四条 运营企业是城市公共汽电车客运安全生产的责任主体。运营企业应当建立健全企业安全生产管理制度，设置安全生产管理机构或者配备专职安全生产管理人员，保障安全生产经费投入，增强突发事件防范和应急处置能力，定期开展安全检查和隐患排查，加强安全乘车和应急知识宣传。

【释义】

本条规定了城市公共汽电车运营企业安全生产的主体责任和具体要求。

一、明确运营企业是城市公共汽电车客运安全生产的责任主体

《安全生产法》第三条明确提出，"安全生产工作应当以人为本，坚持安全发展，坚持安全第一、预防为主、综合治理的方针，强化和落实生产经营单位的主体责任，建立生产经营单位负责、职工参与、政府监管、行业自律和社会监督的机制"。城市公共汽电车运营企业作为生产经营单位，应当履行安全生产主体责任，全面落实安全保障的各项法律法规。

二、提出落实安全生产的主体责任的具体要求

1. 运营企业应当建立健全企业安全生产管理制度

企业安全生产管理制度主要包括：安全生产会议制度、安全生产隐患排查治理及检查制度、安全生产教育培训制度、安全设施设备管理和检修维护制度、事故报告和应急救援制度、安全生产档案管理制度、安全生产奖惩制度、安全事故报告和调查处理制度以及其他保障安全生产的管理制度。

2. 设立安全生产管理机构或者配备专职安全生产管理人员的规定

《安全生产法》第二十一条规定："矿山、金属冶炼、建筑施工、道路运输单位和危险物品的生产、经营、储存单位，应当设置安全生产管理机构或者配备专职安全生产管理人员。前款规定以外的其他生产经营单位，从业人员超过一百人的，应当设置安全生产管理机构或者配备专职安全生产管理人员；从业人员在一百人以下的，应当配备专职或者兼职的安全生产管理人员。"这条规定为运输企业依法配备安全生产管理方面的机构或者人员提出了明确要求。《安全生产法》第十九条规定："生产经营单位的安全生产责任制应当明确各岗位的责任人员、责任范围和考核标准等内容。生产经营单位应当建立相应的机制，加强对安全生产责任制落实情况的监督考核，保证安全生产责任制的落实。"根据上述规定，城市公共汽电车运营企业应当依法建立健全安全生产目标管理制度，明确企业安全生产管理机制，落实安全生产一岗双责，建立"一岗双责"实施办法，将本单位的安全生产责任目标分解到各部门、各岗位，明确责任人员、责任内容和考核奖惩要求，并且与各分支机构（下属企业）层层签订安全生产目标责任书，制定明确的考核指标，定期考核并公布考核结果。

城市公共汽电车运营企业的安全生产管理机构一般设置有企业的安全管理部（科）或安全生产办公室负责安全生产管理的职能部门，在企业安

全生产领导机构的领导下，安全生产直接责任人具体开展企业安全生产管理日常工作，负责监督执行安全生产法律、法规、标准，制定本单位安全生产规章制度，组织安全生产检查，开展安全生产宣传、教育和培训。专职安全生产管理人员应有明确的安全生产管理和监督职责，能够不受来自内部或外部对安全生产造成不利的压力、干扰、妨害的影响，确保在任何时候都能使与安全生产有关的管理制度得到实施和遵循。

3. 保障安全生产经费投入，增强突发事件防范和应急处置能力

《安全生产法》第二十条第一款、第二款规定："生产经营单位应当具备的安全生产条件所必需的资金投入，由生产经营单位的决策机构、主要负责人或者个人经营的投资人予以保证，并对由于安全生产所必需的资金投入不足导致的后果承担责任"；"有关生产经营单位应当按照规定提取和使用安全生产费用，专门用于改善安全生产条件。安全生产费用在成本中据实列支。具体办法由国务院财政部门会同国务院安全生产监督管理部门征求国务院有关部门意见后制定。"

根据上述法律精神，财政部、安全监管总局联合印发的《企业安全生产费用提取和使用管理办法》（财企〔2012〕16号）第九条专门规定了安全生产费用提取、使用和监督管理等方面要求，进一步确定和落实了生产经营单位保障安全经费投入的责任。按照上述规定，城市公共汽电车运营企业以上一年度实际营业收入为计提依据，按照1.5%的标准平均逐月提取。城市公共汽电车运营企业应当安排安全生产条件所必需的专项资金，健全安全生产资金管理制度，按照规定提取和使用安全生产费用，专门用于改善安全生产条件，增强突发事件防范和应急处置能力，确保安全生产经费专款专用。加强对安全生产责任制落实情况的监督考核，保证安全生产责任制的落实。

4. 定期开展安全检查和隐患排查

《安全生产法》强调"安全生产工作应当以人为本，坚持安全发展，坚持安全第一、预防为主、综合治理的方针"。城市公共汽电车运营企业应当处理好保证安全和完成生产经营目标的关系，始终把安全摆在首要位置，积极主动防范生产经营过程中可能存在的安全风险。《安全生产法》

第三十八条第一款第二款规定："生产经营单位应当建立健全生产安全事故隐患排查治理制度，采取技术、管理措施，及时发现并消除事故隐患。事故隐患排查治理情况应当如实记录，并向从业人员通报。"城市公共汽电车运营企业应当加强公共汽电车维护保养和驾驶员日常管理，通过组织开展安全检查和隐患排查，避免事故发生。

5. 加强安全乘车和应急知识宣传

本条中宣传和普及的内容是安全乘车、城市公共交通安全和应急知识两个方面，《道路交通安全法》第四章通行规定及第六十六条，以及《道路交通安全法实施条例》第七十七条专门规定了乘坐机动车应当遵守的规定和每位乘客应当遵守的安全乘车法规要求。城市公共汽电车运营企业作为经营单位，有责任通过车厢、广播语音提示、车载视频、车站灯箱（或宣传栏）宣传媒介，企业、网站张贴宣传画、派发宣传单张或横幅等手段广泛宣传安全乘车和应急逃生等知识，提高乘客安全防范意识。

【条文】

第四十五条 运营企业应当制定城市公共汽电车客运运营安全操作规程，加强对驾驶员、乘务员等从业人员的安全管理和教育培训。驾驶员、乘务员等从业人员在运营过程中应当执行安全操作规程。

【释义】

本条是对城市公共汽电车运营企业应建立的安全生产操作规程、规程的执行以及安全生产宣传和教育工作的规定。

一、规定了城市公共汽电车运营企业应建立安全生产操作规程

针对城市公共汽电车客运运营关键岗位，需要建立安全操作规程包括：驾驶员行车操作规程、安全检查操作规程、场站管理安全操作规程、运输调度安全操作规程等。其中，机动车驾驶员应当按照操作规范安全驾驶、文明驾驶。为规范驾驶员的驾驶行为，交通运输部组织编制了《城市公共汽电车驾驶员操作规范》（JT/T 934—2014）标准，对驾驶员的相关行为和操作要求做出了规定。驾驶员行车操作规程应当包括车辆技术状况安全检查、安全乘车告知、行车途中规范操作、正确应对紧急情况等，其中落实出车前、行车中、收车后对车辆技术状况进行安全检查的行车"三

检"制度或者驾驶员例保作业是其中的关键环节，以确保城市公共汽电车车辆安全、可靠运行。

乘务人员安全操作规程要点包括：维护乘车秩序，配合驾驶员开关车门，防止夹摔乘客；进出站、拐弯、经过繁华地段及能见度较差时，提醒乘客扶好、坐好，注意乘车安全；关照老、幼、病、残、抱婴者乘客安全；制止乘客携带易燃、易爆、危险、有毒及其他禁止携带的物品乘车；熟悉紧急救援预案，如遇突发事件，迅速组织乘客转移，协助抢救伤员；熟悉消防器材位置和使用方法。驾驶员等关键岗位人员在运营过程中应当执行安全操作规程，运营企业要加强对驾驶员、乘务员的过程监督和安全操作考核，减少运营安全隐患。

场站管理安全操作规程应当包括停车场值班、进场保养修理、场地停车管理、车辆进出站场管理、油气站安全使用等方面内容。运输调度安全操作规程应当包括线路运行质量管理、车辆组织调度操作规程、驾驶员安全告诫操作规程等内容。

示例

某公交公司的汽车回场检项目规定

各运行单位设置车辆回场检小组，每日车辆回场后，应检查项目如下：

（1）检查各部有无漏油、漏气、漏水现象，气、油管路安装是否牢固可靠。检听发动机运转情况和响声。检查、调整风扇皮带、空气压缩机皮带、空调压缩泵皮带的松紧度。

（2）检视各部仪表工作情况是否正常，刮水器的工作情况是否良好，照明、信号和喇叭的工作情况是否正常，以放水的方式检测水位警报器是否正常。检查车辆辅助电器设施是否正常（包括报站器、安全监视器、投币机自动翻板装置、视听系统、数字移动电视、行车记录仪、显示器、电冰箱、底盘中央润滑系统、电子线路牌、智能调度、羊城通、GPS、行车记录仪等信息化电子设备），检查电源总开关是否正常，熔断丝（器）是否按规格安装。发现车载

电子设备出现故障后，可由本单位专业人员修理或送修配厂、专业维修单位修理。

（3）检查转向机构、制动系统以及一切安全部件的保险装置是否齐全牢固，作用正常。

（4）检查轮胎、半轴、传动轴、钢板弹簧、空调机组悬挂等处的螺母是否紧固，转向装置与横直拉杆等各连接部分及骑码螺丝是否牢固可靠，检查前后钢板弹簧有无折断变形，检查轮胎气压及磨损情况。

（5）检查车厢内的设施，如座椅、扶手、扶手环、地板胶和内蒙皮螺（铆）钉是否松脱及有无破损。

（6）检视全车的装备是否齐全，并做好记录，特别注意座椅靠背、灭火器、后视镜、油箱盖、窗玻璃、安全锤的装备情况。

（7）检查 ABS 线束、电缆，底盘中央润滑系统油管应固定完好，与其他机件应无摩擦现象。

（8）每周一次清洁视听系统（收放机、可卸式控制面板 DCP、VCD 机、解码器、显示器、电源稳压器、音箱、数字移动电视）、安全监视器（摄像头、显示器）、行车记录仪 GPS（读卡机、存储卡、传感器、主机、卫星定位仪、天线）、智能调度系统、电冰箱，要求如下：

①各电子设备表面用电器清洁剂清洁。

②VCD 机光头用光头清洁剂清洁。

③收放机磁头用磁头清洁剂清洁。

以上的项目由运行单位回场检小组负责检查，发现故障应督促驾驶员及时检修或报修，并做好记录。

（9）每周检查清洁空气滤清器滤芯，间隔时间不得超过 7 天。

（10）检测发动机尾气排放是否达标，如尾气排放超标的应查找原因，并立即报修治理。

二、明确了城市公共汽电车运营企业运营过程中应执行安全生产操作规程

《安全生产法》第五十四条规定："从业人员在作业过程中，应当严格遵守本单位的安全生产规章制度和操作规程，服从管理，正确佩戴和使用劳动防护用品。"通过对相关人员在操作或办理业务时建立标准化操作程序或步骤，督促其按照正确的操作程序进行生产经营活动，可以有效避免因有关人员误操作或不当操作而可能出现的车辆及其附属设施设备的异常工作或不安全情况，从而确保城市公共汽电车客运运营安全、稳定及有效运转。

城市公共汽电车客运运营涉及的车辆及其附属设施设备众多，容易引发安全生产事故的因素很多，运营企业必须围绕影响安全生产的各种因素，通过长期的运营积累，摸索总结保障安全生产的各个主要工序，有针对性地制定详细、标准化的安全生产操作规程，规范有关员工的工作程序和操作方法。涉及城市公共汽电车车辆运行的安全生产操作规程应遵循有关法律、法规、规章的要求，结合岗位工作特点，优化工作流程，将保障安全生产与促进车辆运行效率有效融合，使运营安全操作落到实处。大力推行安全生产标准化作业，涉及车辆及附属设施设备的安全操作规程应当符合其使用说明书中的相关操作要求。

三、明确了运营企业对驾驶员、乘务员等从业人员的安全生产和教育培训等工作要求

《安全生产法》第二十五条规定："生产经营单位应当对从业人员进行安全生产教育和培训，保证从业人员具备必要的安全生产知识，熟悉有关的安全生产规章制度和安全操作规程，掌握本岗位的安全操作技能，了解事故应急处理措施，知悉自身在安全生产方面的权利和义务。未经安全生产教育和培训合格的从业人员，不得上岗作业。"针对驾驶员、乘务员等从业人员开展安全管理和教育培训，是城市公共汽电车运营企业安全管理的重要组成部分。

通过安全操作规程培训，使驾驶员、乘务员明确城市公共汽电车行车操作规程、安全检查操作规程、车辆技术状况安全检查、安全乘车告知、突发事件应急处理、文明行车规定、掌握安全行车操作规定以及其他规定，提高驾驶员、乘务员等从业人员的运营安全意识，强化安全操作技能，防御性驾驶员技能，增强驾驶员、乘务员对公共汽电车运营过程中可能出现的安全问题有效应对能力，保证从业人员具有安全素质，加强运营安全保障力度。

安全培训教育的形式可以多样化，比如安全学习、信息化（网络）培训、应急演练、制作宣传横幅和宣传板报、编制和发放安全知识手册、建立企业门户网站开辟安全宣传专栏、组织观看安全宣传教育片、邀请安全相关的专家和教授进行集中授课、开展安全生产知识竞赛和事故案例警示教育活动以及开展安全生产先进评比表彰活动等。

示例

某公交公司的安全生产教育培训制度

（一）管理人员的培训

包括主要负责人和安全生产管理人员的安全培训。企业主要负责人、安全生产管理人员必须具备安全生产专业知识和安全生产工作经验，并经专门的安全培训机构培训考试考核取得资格证书。

（1）生产经营单位主要负责人安全培训应当包括下列内容：

①国家安全生产方针、政策和有关安全生产的法律、法规、规章及标准；

②安全生产管理基本知识、安全生产技术、安全生产专业知识；

③重大危险源管理、重大事故防范、应急管理和救援组织以及事故调查处理的有关规定；

④职业危害及其预防措施；

⑤国内外先进的安全生产管理经验；

⑥典型事故和应急救援案例分析；

⑦其他需要培训的内容。

（2）安全生产管理人员安全培训应当包括下列内容：

①国家安全生产方针、政策和有关安全生产的法律、法规、规章及标准；

②安全生产管理、安全生产技术、职业卫生等知识；

③伤亡事故统计、报告及职业危害的调查处理方法；

④应急管理、应急预案编制以及应急处置的内容和要求；

⑤国内外先进的安全生产管理经验；

⑥典型事故和应急救援案例分析；

⑦其他需要培训的内容。

（二）其他人员的培训管理规定

主要包括：

（1）新入职员工的三级安全培训教育（包括培训计划和内容）。生产经营单位新上岗的从业人员，岗前培训时间不得少于24学时。

①国家安全生产方针、政策和有关安全生产的法律、法规、规章及标准；

②本单位安全生产情况及安全生产基本知识；

③本单位安全生产规章制度和劳动纪律；

④从业人员安全生产权利和义务；

⑤有关事故案例等。

（2）班组长的安全培训教育（包括培训计划和内容）。班组长人数在20人以上的可由企业自行组织培训并发证，人数20人以下的企业可委托市交通高级技工学校统筹组织培训，考核发证工作相应由企业或交通技校负责。培训时间为16学时，原则上2天完成。

（3）驾驶员的安全培训教育（包括培训计划和内容）。营运驾驶员的岗前理论培训不少于12学时，实际驾驶操作不少于30学时。每月接受不少于2次，每次不少于1小时的教育培训。每2年接受不少于24小时的脱产继续教育。

（4）从业人员在本单位内调整工作岗位或离岗一年以上重新上岗时，应当重新接受单位安全员和班（组）级的安全培训（包括培训计划和内容）。

（5）生产经营单位实施新工艺、新技术或者使用新设备、新材料时，应当对有关从业人员重新进行有针对性的安全培训（包括培训计划和内容）。

（6）生产经营单位的特种作业人员，必须按照国家有关法律、法规的规定接受专门的安全培训，经考核合格，取得特种作业操作资格证书后，方可上岗作业，同时按相关规定参加年审。

（7）日常安全教育（提示）。通过宣传栏、墙报等开展以线路或班组为单位的安全活动，利用出车前或班组（作业）前开展三言两语的安全教育（提示）。

（8）其他培训教育，主要包括：临时性安全教育，比如，对从事危险性较大的检修项目；从事临时性的工作；外来单位人员到公司进行施工或承包检修作业等。

【条文】

第四十六条　运营企业应当对城市公共汽电车客运服务设施设备建立安全生产管理制度，落实责任制，加强对有关设施设备的管理和维护。

【释义】

本条规定了城市公共汽电车客运服务设施设备建立安全生产管理制度。

一、规定了城市公共汽电运营企业应建立安全生产管理制度

《规定》第四十四条已经规定城市公共汽电运营企业应当建立健全企业安全生产管理制度。这个制度是《安全生产法》要求企业制定的系统性安全生产管理制度，涵盖安全资金投入、安防设施设备管理和检修维护、机构设置和人员配备、安全教育、应急处置等一系列措施。

本条主要明确针对城市公共汽电车客运服务的停车场、保养场、站务用房、候车亭、站台、站牌以及加油（气）站、电车触线网、整流站和电动公交车充电设施等相关设施。运营企业应结合本单位的安全管理制度，对城市公共汽电车客运服务设施设备的各工种、各机电设备制定安全操作规程，并定期检查制度的落实情况，建立设施设备安全生产管理台账。按照《安全生产法》的要求，生产部门和班组应配备专（兼）职安全生产管理人员，负责督促、教育和检查职工执行安全操作规程，既要保证设施设备的性能状况良好，又要防止设施设备运营过程中的生产安全。

二、明确设施设备的管理和维护内容和要求。

设施设备的管理和维护应当遵循《城市公共汽电车客运服务规范》（GB/T 22484—2016）有关要求。线路、车站及停车场安全生产管理制度中重点关注以下几个方面：线路、车站及停车场建设应符合法律、法规、标准中对运行、照明、消防、避雷等安全要求的规定；对客流高断面、事故、违法违章多发地段及主要场站实施运营安全监控，发现异常情况及时处理；首末站、停车场应按照有关规定设置安全标志；停车场和主要车站应设置视频监控系统；场站内通道及出入口应保持畅通；建立停车场安全值班制度和场站设施每日安全检查制度。

保养场安全生产管理制度中重点关注以下几个方面：严禁将危险物品带入维修现场，要害设备、易燃易爆品由穿戴防护用品的专人保养和管理，并经常进行检查和维修；维修车辆前，应将车辆停、架牢固后方可作业；有毒、易燃、易爆物品和化学物品，粉尘、腐蚀剂、污染物、压力容器等应有安全防护措施和设施，压力容器及仪表等应严格按有关部门要求定期校验；配电设施线路确保完好，性能可靠，使用移动电路具应有安全防护措施。

【条文】

第四十七条 运营企业应当建立城市公共汽电车车辆安全管理制度，定期对运营车辆及附属设备进行检测、维护、更新，保证其处于良好状态。不得将存在安全隐患的车辆投入运营。

【释义】

本条规定了城市公共汽电车车辆安全管理制度和维护要求。

一、规定了城市公共汽电车车辆安全管理制度

《安全生产法》第三十三条规定:"安全设备的设计、制造、安装、使用、检测、维修、改造和报废,应当符合国家标准或者行业标准。生产经营单位必须对安全设备进行经常性维护、保养,并定期检测,保证正常运转。维护、保养、检测应当做好记录,并由有关人员签字。"城市公共汽电车由于平时运营过程中载荷重、运行强度大等多方面因素,与一般运输车辆相比,车辆损耗更快。建立科学系统规范的管理制度,加强城市公共汽电车的安全管理,确保车辆处于良好状态,是保障运营安全的重要环节。

城市公共汽电车运营企业可参照《道路运输车辆技术管理规定》,以及车辆维修手册、使用说明书等,结合车辆类别、车辆运行状况、行驶里程、道路条件、使用年限等因素,确定车辆维护周期,开展车辆维护作业。同时,建立汽电车车辆技术档案和管理档案,及时、完整记录车辆基本情况、主要部件更换情况、修理和二级维护记录、行驶里程记录、交通事故记录等。为了便于数据更新、查询、统计等,有条件的运营企业可以逐步建立车辆技术信息化管理系统。

二、明确了对城市公共汽电车车辆设施设备的要求

投入运营的城市公共汽电车车辆的整车及主要总成、安全防护装置等有关运行安全的基本技术应符合《公共汽车类型划分及等级评定》(JT/T 888—2014)、《纯电动城市客车通用技术条件》(JT/T 1026—2016)、《混合动力城市客车技术条件》(JT/T 1025—2016)等行业标准要求。按照《汽车维护、检测、诊断技术规范》(GB/T 18344—2016)要求,实施一级、二级维护与检测,确保车辆技术状况良好,特种车型应满足相关要求;运营车辆符合国家标准规定的使用年限或运营公里数;严格执行车辆的强制报废制度,加强临近报废年限的车辆的技术监管,及时处理临近报废车的安全隐患,车辆按照国家相关法律法规规定配备安全锤、停车楔、警示牌等安全设备设施,按相关规定配足有效的消防设施及器材,放置合理、完好有效;新型车辆应随车配备安全使用说明,同时确保视频监控设备保持实时监控,保障车辆运行安全。

> **示例**
>
> ### 某公交公司的汽车保养作业说明（节选）
>
> 汽车保养项目分为发动机部分、底盘部分、电器部分、车厢部分和空调部分，每部分均列明需保养的作业项目和技术要求，作业项目中的检查、紧固、润滑、修复或更换等工作内容均为正常的保养作业范围，各单位要认真做好各级保养的每一项工作，严格执行检查、润滑、紧固、调整和视需修理的保养方针，把好质量关，使汽车技术保养工作能真正地起到清除事故隐患，保持完好车质车况的作用。

【条文】

第四十八条　运营企业应当在城市公共汽电车车辆和场站醒目位置设置安全警示标志、安全疏散示意图等，并为车辆配备灭火器、安全锤等安全应急设备，保证安全应急设备处于良好状态。

【释义】

本条规定了城市公共汽电车车辆安全警示标识和安全应急设备的要求。

一、规定了城市公共汽电车车辆安全警示标识设置要求

安全应急设备的质量好坏，直接关系到生产经营活动的安全性以及在发生安全生产事故时能否及时救援、减少损失。在实践中，因为安全设备的设计、制造、安装、使用、检测、维修、改造和报废不符合有关标准而导致发生安全生产事故或损失扩大的情况屡见不鲜。

《安全生产法》第三十二条规定："生产经营单位应当在有较大危险因素的生产经营场所和有关设施、设备上，设置明显的安全警示标志。"在存在危险因素的地方，设置安全警示标志，是对乘客及相关从业人员知情权的保障，有利于提高大家的安全生产意识，防止和减少安全生产事故的发生。城市公共汽电车运营企业应当将对人造成伤亡或者对物造成突发性损害的各种因素设置明显的安全警示标志。安全警示标志应当设置车辆、场站有关设施、设备的位置，设置应清晰、易于辨认。

二、提出了城市公共汽电车车辆安全应急设备要求

城市公共汽电车线路运营企业应当按照法律、法规关于消防管理、事故应急救援的规定，在车厢内按国家相关标准配置灭火器、安全锤、车门紧急开启装置、车辆顶窗紧急开启装置等器材和设备。运营企业必须对安全设备进行经常性的维护，并定期检测，以保证其处于正常运转状态。同时做好记录，并由有关人员签字确认。

示例

某公交企业营运客车灭火器的配备和检查标准

一、灭火器材配备标准

1. 灭火器

大型及以上客车应配置灭火器不少于12千克，中型客车不少于8千克，其他车辆不少于4千克。车辆出厂时标准配备的灭火器不准随意减少。采用每具不少于4千克的ABC型干粉灭火器。

火灾依据物质燃烧特性，可划分为A、B、C、D、E、F 6类，常见的有A、B、C 3类。A类火灾指固体物质火灾，如木材、棉、毛、麻、纸张及其制品等燃烧的火灾。B类火灾指液体火灾或可熔化固体物质火灾，如汽油、煤油、柴油、原油、甲醇、乙醇、沥青、石蜡等燃烧的火灾。C类火灾指气体火灾，如煤气、天然气、甲烷、乙烷、丙烷、氢气等燃烧的火灾。

2. 灭火弹

所有专用校车和发动机后置的其他客车应装备发动机舱自动灭火装置，其灭火剂喷射范围应包括发动机舱至少两处具有着火隐患的热源（如增压器、排气管等），启动工作时应能通过声觉信号向驾驶员报警。公交车发动机舱应配备不少于4个自动灭火器。超细干粉灭火弹的有效期应在弹体上合格证标注的范围内，超期或无合格证标签视为无效。弹体应无破损。灭火弹启用后应及时更新。

二、灭火器放置的位置

客车应装备灭火器，灭火器在车上应安装牢靠并便于取用。仅有一个灭火器时，应设置在驾驶员附近；当有多个灭火器时，应在客厢内按前、后，或前、中、后分布，其中一个应靠近驾驶员座椅。灭火器应尽量按车辆出厂时的安装位置进行摆放，不可随意变更。

三、灭火器的管理

（1）灭火器的检查与维护应由安全科指定专人承担。

（2）安全科专人建立灭火器台账，记录每台车配备的灭火器型号、数量、摆放位置、有效期限和维修记录。

（3）安全科专人每月对灭火器的压力、外观进行一次检查，发现问题及时送修，每次检查留下记录。

（4）驾驶员结合三检每日对灭火器进行例行检查，发现问题及时反馈。

（5）检查或维修后的灭火器均应按原设置点位置摆放。

（6）每次送修时应使用周转灭火器顶岗，避免车辆营运过程中缺少灭火器。

（7）需维修、报废的灭火器应由灭火器生产企业或专业维修单位进行。

四、灭火器送修判定标准

（1）存在机械损伤、明显锈蚀、灭火剂泄漏、被开启使用过或符合其他维修条件的灭火器应及时进行维修。灭火器的喷管有弯折、堵塞、损伤和断裂等缺陷的，应更换喷管。

（2）压力降低进入红区。

（3）出厂期满5年。

（4）首次维修以后每满2年。

五、灭火器报废判定标准

（1）筒体严重锈蚀，（锈蚀面积大于等于筒体总面积的1/3，表面有凹坑。

(2) 筒体明显变形,机械损伤严重。

(3) 器头存在裂纹,无泄压机构。

(4) 筒体为平底等结构不合理。

(5) 没有间歇喷射机构的手提式。

(6) 没有生产厂名称和出厂年月,包括铭牌脱落,或虽有铭牌,但已看不清生产厂名称,或出厂年月钢印无法识别。

(7) 筒体有锡焊、铜焊或补缀等修补痕迹。

(8) 被火烧过。

(9) 自出厂日期计算寿命已达 10 年。

【条文】

第四十九条 禁止携带违禁物品乘车。运营企业应当在城市公共汽电车主要站点的醒目位置公布禁止携带的违禁物品目录。有条件的,应当在城市公共汽电车车辆上张贴禁止携带违禁物品乘车的提示。

【释义】

本条规定了城市公共汽电车运营企业应当做好禁止携带违禁物品乘车告知提示要求。

一、明确了禁止携带违禁物品乘车

本条规定的主要法律依据有:

(1)《刑法》第一百三十条规定:"非法携带枪支、弹药、管制刀具或者爆炸性、易燃性、放射性、毒害性、腐蚀性物品,进入公共场所或者公共交通工具,危及公共安全,情节严重的,处三年以下有期徒刑、拘役或者管制。"

(2)《中华人民共和国合同法》第二百九十七条规定:"旅客不得随身携带或者在行李中夹带易燃、易爆、有毒、有腐蚀性、有放射性以及有可能危及运输工具上人身和财产安全的危险物品或者其他违禁物品。"

(3)《中华人民共和国消防法》第二十三条规定:"禁止非法携带易

燃易爆危险品进入公共场所或者乘坐公共交通工具。"

二、提出了公布禁止携带违禁品目录等要求

城市公共汽电车车辆应该张贴禁止携带违禁品提示语，一是在站点的醒目位置公布禁止携带的违禁物品目录；二是具备条件的城市公共汽电车车辆张贴禁止携带违禁物品乘车的提示。

【条文】

第五十条 运营企业应当依照规定配备安保人员和相应设备设施，加强安全检查和保卫工作。乘客应当自觉接受、配合安全检查。对于拒绝接受安全检查或者携带违禁物品的乘客，运营企业从业人员应当制止其乘车；制止无效的，及时报告公安部门处理。

【释义】

本条是关于运营企业和乘客安保责任的规定。

一、运营企业应当依照规定配备安保人员和相应设备、设施，加强安全检查和保卫工作

《规定》要求运营企业配备专门的安保人员，配备、安装公共安全防范的技防、物防设备、设施，加强安全检查和保卫工作。《中华人民共和国反恐怖主义法》第三十五条规定："对航空器、列车、船舶、城市轨道车辆、公共电汽车等公共交通运输工具，营运单位应当依照规定配备安保人员和相应设备、设施，加强安全检查和保卫工作。"

城市公共汽电车生产经营活动的安全进行，要有必要的物质保障和人员保障。因此，城市公共汽电车运营企业一般应在人流密集的公共交通枢纽站，配备安保人员，企业的安管人员应通过随车督导、路面安全检查、站场安全检查等方式加强现场安保工作；利用安全防范的技防、物防设备设施，对乘客和携带行李进行安全检查或询问。

二、规定运营企业和乘客在安全检查方面的权利和义务

一是乘客应当自觉接受、配合安全检查。二是企业有权对乘客进行安检。对于拒绝接受安全检查或者携带违禁物品的乘客，运营企业从业人员应当制止其乘车。《中华人民共和国合同法》第二百九十七条规定："旅客不得随身携带或者在行李中夹带易燃、易爆、有毒、有腐蚀性、有放射性以及有可能危及运输工具上人身和财产安全的危险物品或者其他违禁物品。旅客违反前款规定的，承运人可以将违禁物品卸下、销毁或者送交有关部门。旅客坚持携带或者夹带违禁物品的，承运人应当拒绝运输。"对检查中发现问题的，从业人员应当制止其乘车，确保运输生产安全；对制止无效的，应及时报告公安机关，由公安机关依法处理。

【条文】

第五十一条 城市公共交通主管部门应当会同有关部门，定期进行安全检查，督促运营企业及时采取措施消除各种安全隐患。

【释义】

本条规定城市公共交通主管等部门定期开展安全检查。

一、规定了安全检查的职责要求

城市公共交通主管部门应当会同公安等部门，或者委托第三方机构评估，组织明察暗访、社会举报监督等灵活多样方式开展安全检查，重点检查运输经营活动的现场。安全检查可与综合检查、专业检查、季节性检查、节假日检查、日常检查等结合进行。

除了行业主管部门定期开展安全检查外，运营企业也要建立自身的安全检查工作制度，比如对事故高发、多发区域开展针对车辆技术和驾驶人突出交通违法行为的专项排查，不断提高安全运营水平。

> 示例
>
> **某公交公司道路交通事故黑点、违法提示点排查工作指引**
>
> 一、排查范围
>
> 各营运单位所有公路、公交线路行经路线（含出车、中停、收车、保养维修以及加油/气往返等路线）。
>
> 二、排查要点
>
> （一）事故黑点
>
> 指公路、公交线路行经路线（含出车、中停、收车、保养修理以及加油/气往返等路线），曾经发生过交通事故或存在突出安全隐

患的地点或者路段。

排查要点：

（1）该线路车辆曾发生过交通事故的地点、路段。

（2）交警公布或其他同行业单位发生过交通事故的地点、路段。

（3）线路存在的危险地点、路段。

（二）违法提示点

指公路、公交线路行经路线（含出车、中停、收车、保养修理以及加油/气往返等路线），曾经发生过交通违法且与该线路其他正常位置相比明显突出的违法隐患地点或者路段。

排查要点：

（1）该线路车辆曾发生交通违法的地点、路段。

（2）线路交通违法多发点、易发点。

三、排查要求

（1）由各营运单位车队一级负责所属线路的事故黑点、违法提示点排查工作，本单位安全主管部门负责制作安全指引及提示。

（2）事故黑点数量排查设置，建议每条线路事故黑点排查设置3~5个；违法提示点设置1~3个。

（3）排查方式：排查以"一控三防"作为主要排查依据，采取收集社会外界信息、媒体报道、行业内部信息、统计分析交通事故、违法资料和实地勘查相结合的方法进行。由各营运单位对近两年来交通事故、违法发生的情况进行分析和研究，建立排查责任机制，及时进行排查。对排查出的事故黑点、违法提示点，必须有照片、具体位置、事故/违法案例、隐患分析描述、安全行车指引等具体内容，并逐项登记造册。鼓励各营运单位运用信息化手段开展事故黑点、违法提示点的统计分析、排查登记、分级分类跟进管理和工作效果评估等工作。

（4）各营运单位线路交通事故黑点、违法提示点排查更新原则上每季度更新一次。遇线路优化调整、绕行调整等线路变动调整措施的，应当即排查更新，重新评估或设置交通事故黑点、违法提示点，更新后要及时公示并做好驾驶安全行车指引（要有排查开展计划、更新记录等资料留存备查）。

（5）交通事故黑点、违法提示点的撤销。对于自排查即日起，一年内未发生交通事故或违法的，应进行评估，视评估结果，确定是否撤销。并及时对交通事故黑点和交通违法提示点进行排查更新，保持交通事故黑点数量设置为3～5个，交通提示点数量设置为1～3个。

二、明确了安全检查的主要任务

每次开展安全检查应制定安全检查方案，明确检查范围、重点、牵头单位、参加人员，由牵头单位有计划、有步骤地组织实施检查，避免检查工作无序、混乱。

每次检查应有相应的记录，对检查发现的一般性事故隐患，能现场整改的要当场责令整改，当场整改不到位的，要发出整改通知书，规定整改期限；对重大事故隐患实行挂牌督办，并建立信息管理台账，形成事故隐患治理工作落实机制。

示例

某公交公司安全检查或安全隐患排查主要内容

（1）安全生产管理制度合法性：安全生产管理责任制建立与否，安全主体责任是否落实，是否逐级签订责任书，安全生产台账、安全生产费用是否制度化。

（2）人员资质及设备设施标准：各级各类从业人员是否取得合法证照及资质，各种设备设施是否符合相关法规、规范及标准要求。

（3）设施设备及作业场所、作业活动安全管理：是否制定、落实设备、设施、作业场所及关键作业活动安全管理制度。

（4）车辆技术、驾驶员管理：车辆技术、驾驶员行车安全档案等安全制度是否建立和落实，车辆是否落实维护计划。

（5）人员安全管理：是否通过培训、教育、检查及奖惩等各项措施落实安全文化建设。

（6）是否按规定提取安全生产经费，实行专款专用。

（7）重大危险源管理，是否建立危险源辨识，分级及监控制度，执行是否到位，整改要求是否切实执行。

（8）应急管理：是否针对企业具体情况制定相关预案体系或专项预案、应急人员是否配备并执行值班、应急设备、物资是否齐备及状态正常，应急演练是否按期开展等。

（9）事故管理：是否严格执行安全生产责任制度。

【条文】

第五十二条 城市公共交通主管部门应当会同有关部门制定城市公共汽电车客运突发事件应急预案，报城市人民政府批准。

运营企业应当根据城市公共汽电车客运突发事件应急预案，制定本企业的应急预案，并定期演练。

发生安全事故或者影响城市公共汽电车客运运营安全的突发事件时，城市公共交通主管部门、运营企业等应当按照应急预案及时采取应急处置措施。

【释义】

本条规定城市公共交通主管部门和运营企业应当制定应急预案编制，以及应急演练和预案实施。

一、提出了应急预案编制主体和程序

《安全生产法》规定，生产经营单位对重大危险源应当制定应急预案；生产经营单位的主要负责人具有组织制定并实施本单位的安全生产事故应急救援预案的职责；生产经营单位发生安全生产事故后，事故现场有关人员应当立即报告本单位负责人；单位负责人接到事故报告后，应当迅速采取有效措施，组织抢救，防止事故扩大，减少人员伤亡和财产损失。

城市公共交通主管部门应会同有关部门共同编制城市公共汽电车应急预案。通过总结分析近年来国内外发生的各类城市公共交通突发事件，及其处置过程中的经验、教训，按照全面履行政府职能，加强社会管理的要求，在现有工作基础上，结合本部门实际，制定、修订相应的应急预案。应急预案编制完成后，应当报城市人民政府批准。城市公共汽电车运营企业应根据城市人民政府批准的城市公共汽电车应急预案，制定具体的应急预案实施方案，进一步明确各项职责和任务分工，并加强员工应急知识的宣传、教育和培训。

二、明确了编制应急预案的有关要求

为指导各地编制城市公共汽电车突发事件应急预案，交通运输部组织编制了《城市公共汽电车突发事件应急预案编制规范》（JT/T 1018—2016）行业标准。其中，城市公共汽电车突发事件是指因自然灾害、人为因素或者设施设备故障等突然发生，已经或者可能造成城市公共汽电车客运服务终端、人员伤亡、财产损失等危及公共安全的紧急事件。为有效预防和控制可能发生的城市公共汽电车客运突发事件，最大程度减少突发事件及其造成损害，有必要预先制定相关工作方案即应急预案。

总体上看，应急预案体系可由政府应急预案和企业应急预案构成。政府应急预案包括国家级应急预案、省级应急预案和城市级应急预案。运营企业应急预案主要由综合应急预案、专项应急预案和现场处置工作方案等构成，运营企业应急预案体系一般应符合《生产经营单位安全生产事故应急预案编制导则》（GB/T 29639—2013）的相关规定。

编制应急预案应做好以下准备工作：

（1）收集相关预案编制所需的各种资料，包括相关法律法规、应急预案、技术标准、国内外突发事件应急处置案例分析、本地区社会情况与自然条件分析、本单位技术资料等。

（2）全面分析本级公共汽电车客运相关危险因素、可能发生的突发事件类型及其危害程度。

（3）排查公共汽电车客运安全隐患的种类、级别和分布情况，确定危险源，进行风险评估，并确定相应的防范措施。

（4）根据突发事件类型和危害程度，确定所有需要参与应急处置的部门和单位。

（5）政府应急预案编制前，应对突发事件应急处置有关的本级政府部门和单位应急物资装备、应急队伍等应急能力进行评估。运营企业应急预案编制前，应对本单位应急物资装备、应急队伍等应急能力进行评估。

（6）充分借鉴国内外公共汽电车突发事件应急处置经验和教训。

三、关于应急预案的演练

应急预案培训、演练属于应急预案管理的重要内容。应急预案培训应明确对运营企业全体员工开展的应急预案培训计划、方式和要求，使之了解相关应急预案内容，熟悉应急职责、应急程序和现场处置方案。涉及乘客的内容，要做好乘客的宣传教育和告知等工作。应急预案的演练，应明确应急预案演练的规模、方式、频次、范围、内容、组织、评估和总结等各方面要求。城市公共汽电车运营企业应定期组织应急预案演练，不断完善改进应急预案，最大限度预防突发公共事件和减少其造成的损害，保障公众的生命财产安全，维护社会安全和稳定。

> **示例**
>
> #### 车辆发动机舱出现冒烟起火演练过程
>
> 【情景一】车辆进入预演场地，当车辆驶到观摩席前时，工作人员在车厢后点燃模拟烟火。
>
> 【讲授一】一天上午，某线路驾驶员某某驾驶车辆执行由 A 开往 B 的营运任务，此时车上满载着 50 名乘客，穿梭在车水马龙的马路上，当途径 C 路时，该路段因市政施工造成路面不平而发生颠簸，使车厢内的电线互相摩擦，造成发动机舱内的电线短路引起着火，在后面的乘客闻到一股焦味，马上通知驾驶员。

【情景二】驾驶员采取紧急措施，将车辆停靠在安全地方，拉紧手制动器，关闭发动机，并将车门打开。

【讲授二】驾驶员得知情况后马上采取紧急措施，在安全的情况下将车辆停靠在马路右侧安全的地方，拉紧手动制动器，关闭发动机，打开车门，开始立即疏散车上乘客。

【情景三】驾驶员站起来指导乘客有序疏导乘客下车，乘客有序安全地全部疏散到地面。

【讲授三】公交车后部引擎着火乘客逃生顺序：中间和往后的乘客由后门疏散，车辆前半部分的乘客由前门疏散，有序疏散的时间约2分钟。乘客疏散位置尽量在车辆前进方向的右边20米以上，并不要围观，尽快离开现场。

【情景四】驾驶员在取灭火器和关闭电池开关的同时进行扑救，乘客协助报"119"火警。

【讲授四】驾驶员疏散乘客后并请求乘客协助报"119"火警，再取灭火器和关闭电池开关。掌握好灭火的时机是应急处置取得成功的关键。当发现冒烟现象时，切记在未做好灭火准备工作时不能打开发动机舱门或其他密闭的挡板，防止因空气对流加速火势的蔓延。灭火时选择火源上风状态和安全距离，从车底由下往上喷射灭火剂，同时左右摆动灭火器的导管，使灭火剂充满发动机舱，让燃烧缺氧。火势减弱后侧身打开发动机舱后盖，同时用灭火器对着起火点进行灭火。

【条文】

第五十三条　禁止从事下列危害城市公共汽电车运营安全、扰乱乘车秩序的行为：

（一）非法拦截或者强行上下城市公共汽电车车辆；

（二）在城市公共汽电车场站及其出入口通道擅自停放非城市公共汽电车车辆、堆放杂物或者摆摊设点等；

（三）妨碍驾驶员的正常驾驶；

（四）违反规定进入公交专用道；

（五）擅自操作有警示标志的城市公共汽电车按钮、开关装置，非紧急状态下动用紧急或安全装置；

（六）妨碍乘客正常上下车；

（七）其他危害城市公共汽电车运营安全、扰乱乘车秩序的行为。

运营企业从业人员接到报告或者发现上述行为应当及时制止；制止无效的，及时报告公安部门处理。

【释义】

本条是关于危害城市公共汽电车运营安全、扰乱乘车秩序违法行为的规定，明确城市公共汽电车运营企业工作人员制止违法行为的权利和义务。

本条将分散在以下各个法律、行政法规中危害城市公共交通运营安全、扰乱乘车秩序的违法行为进行归纳和补充，并细化为七类，以方便乘客遵守执行、方便城市公共汽电车运营企业工作人员执行制止责任。主要依据包括：

（1）《道路交通安全法》第三十七条规定："道路划设专用车道的，在专用车道内，只准许规定的车辆通行，其他车辆不得进入专用车道内行驶。"

（2）《道路交通安全法》第六十三条规定："行人不得跨越、倚坐道路隔离设施，不得扒车、强行拦车或者实施妨碍道路交通安全的其他行为。"

（3）《道路交通安全法》第六十六条规定："不得有影响驾驶人安全驾驶的行为。"

（4）《中华人民共和国治安管理处罚法》（以下简称《治安管理处罚法》）第二十三条（四）规定："非法拦截或者强登、扒乘机动车、船舶、航空器以及其他交通工具，影响交通工具正常行驶的。"

（5）《中华人民共和国突发事件应对法》第二十四条规定："公共交通工具、公共场所和其他人员密集场所的经营单位或者管理单位应当制定具体应急预案，为交通工具和有关场所配备报警装置和必要的应急救援设备、设施，注明其使用方法，并显著标明安全撤离的通道、路线，保证安全通道、出口的畅通。"

（6）妨碍驾驶员的正常驾驶属于扰乱公共汽车、公共交通工具上的秩序的行为。《治安管理处罚法》第二十三条（三）规定："扰乱公共汽车、电车、火车、船舶、航空器或者其他公共交通工具上的秩序的属于违法行为。"

（7）《安全生产法》第五十二条规定："从业人员发现直接危及人身安全的紧急情况时，有权停止作业或者在采取可能的应急措施后撤离作业场所。"这里的"采取可能的应急措施"就是本条规定的"制止权"，由于城市公共汽电车运营企业工作人员承担保障乘客安全的特定责任，因此制止又是义务。此外，《规定》明确了制止的时限要求，即：接到报告或者发现违法行为应当及时制止。

【条文】

第五十四条 任何单位和个人都有保护城市公共汽电车客运服务设施的义务，不得有下列行为：

（一）破坏、盗窃城市公共汽电车车辆、设施设备；

（二）擅自关闭、侵占、拆除城市公共汽电车客运服务设施或者挪作他用；

（三）损坏、覆盖电车供电设施及其保护标识，在电车架线杆、馈线安全保护范围内修建建筑物、构筑物或者堆放、悬挂物品，搭设管线、电（光）缆等；

（四）擅自覆盖、涂改、污损、毁坏或者迁移、拆除站牌；

（五）其他影响城市公共汽电车客运服务设施功能和安全的行为。

【释义】

本条是关于危害城市公共汽电车客运服务设施功能和安全行为的规定。

本条将分散在以下各个法律、行政法规中危害城市公共交通服务设施和安全的违法行为进行归纳和补充，并细化为五类，以方便单位和个人遵守执行。主要法律依据：

（1）破坏、盗窃城市公共汽电车车辆、设施、设备，或者污损、涂改、擅自迁移城市公共交通设施等违法行为中的"破坏、盗窃、污损、涂改、擅自迁移"行为是依据《治安管理处罚法》第四十九条规定："盗窃、诈骗、哄抢、抢夺、敲诈勒索或者故意损毁公私财物的，处五日以上十日以下拘留，可以并处五百元以下罚款；情节较重的，处十日以上十五日以下拘留，可以并处一千元以下罚款。"

（2）损坏城市公共电车供电等设施属于《刑法》第一百一十九条第一款规定内容："破坏交通工具、交通设施、电力设备、燃气设备、易燃易爆设备，造成严重后果的，处十年以上有期徒刑、无期徒刑或者死刑。"

（3）关闭、侵占、拆除城市公共汽电车客运服务设施或者挪作他用，该违法行为主要是根据《治安管理处罚法》第三十七条中的规定："在车辆、行人通行的地方施工，对沟井坎穴不设覆盖物、防围和警示标志的，或者故意损毁、移动覆盖物、防围和警示标志的""盗窃、损毁路面井盖、照明等公共设施的。"

（4）《刑法》第一百一十七条规定："破坏轨道、桥梁、隧道、公路、机场、航道、灯塔、标志或者进行其他破坏活动，足以使火车、汽车、电车、船只、航空器发生倾覆、毁坏危险，尚未造成严重后果的，处三年以上十年以下有期徒刑。"

第六章 监督检查

【条文】

第五十五条 城市公共交通主管部门应当建立"双随机"抽查制度，并定期对城市公共汽电车客运进行监督检查，维护正常的运营秩序，保障运营服务质量。

【释义】

本条是关于监督检查责任的规定。

城市公共交通主管部门是代表政府对城市公共汽电车客运实行规划及监督管理的主体，具体承担本行政区域内城市公共汽电车客运的发展和监督管理工作，负有行业监管与保障职责，应定期对城市公共汽电车客运进行监督检查，规范城市公共汽电车客运管理，保障运营安全，提高服务质量，维护运营市场秩序，促进城市公共汽电车客运事业健康有序发展。

一、"双随机"抽查制度

根据《国务院办公厅关于推广随机抽查规范事中事后监管的通知》（国办发〔2015〕58号）"大力推广随机抽查"和"推进随机抽查制度化、规范化"的要求，城市公共交通主管部门要在城市公共汽电车客运市场监管和日常检查工作中推广和运用随机抽查。

一是要制定随机抽查事项清单，明确抽查依据、抽查主体、抽查内容、抽查方式等。随机抽查事项清单根据法律法规规章修订情况和工作实际进行动态调整，及时向社会公布。

二是要建立随机抽取检查对象、随机选派执法检查人员的"双随机"抽查机制。建立健全市场主体名录库和执法检查人员名录库，从市场主体名录库中随机抽取检查对象，从执法检查人员名录库中随机选派执法检查人员。

三是要根据当地经济社会发展和监管领域实际情况，合理确定随机抽查的比例和频次。对投诉举报多、列入经营异常名录或有严重违法违规记录等情况的市场主体，要加大随机抽查力度。

四是要建立健全市场主体诚信档案、失信联合惩戒和黑名单制度，推进随机抽查与社会信用体系相衔接。加强抽查结果运用，将随机抽查结果纳入市场主体的社会信用记录。

五是要结合本地实际，协调组织相关部门探索开展联合抽查。按照"双随机"要求，制定并实施联合抽查计划，提高执法效能，降低市场主体成本。

二、监督检查的内容

监督检查的主要内容应包括《规定》第十五条、第十七条、第二十五条、第二十六条、第二十七条、第二十八条、第二十九条、第三十条等有关运营管理和服务的执行情况，以及有关城市公共汽电车客运的法律、行政法规、规章和行业标准的执行情况，安全检查内容按照《规定》有关要求执行。

【条文】

第五十六条 城市公共交通主管部门有权行使以下监督检查职责：

（一）向运营企业了解情况，要求其提供有关凭证、票据、账簿、文件及其他相关材料；

（二）进入运营企业进行检查，调阅、复制相关材料；

（三）向有关单位和人员了解情况。

城市公共交通主管部门对检查中发现的违法行为，应当当场予以纠正或者要求限期改正；对依法应当给予行政处罚、采取强制措施的行为，应当依法予以处理。

有关单位和个人应当接受城市公共交通主管部门及其工作人员依法实施的监督检查，如实提供有关材料或者说明情况。

【释义】

本条是关于监督检查权力的规定。

城市公共交通主管部门负有维护城市公共汽电车正常运营秩序、保障城市公共汽电车运营服务质量的责任，因此对运营企业进行监督检查是城市公共交通主管部门的职责和权力，符合依法行政的要求。

城市公共交通主管部门在实施监督检查时，应当遵守交通运输行政执法行为规范，可以向城市公共汽电车运营企业或从业人员了解情况，查阅、复制有关资料。涉及商业秘密和个人隐私的资料应当保密。被监督检查单位和个人应当接受依法实施的监督检查，如实提供有关资料。

根据《中华人民共和国行政处罚法》（以下简称《行政处罚法》）第二十三条规定，"行政机关实施行政处罚时，应当责令当事人改正或者限期改正违法行为"，城市公共交通主管部门对检查中发现的违法行为给予行政处罚时，要同时责令行为人改正违法行为。限期改正违法行为，是指行政主体责令违法行为人限期停止和纠正违法行为，以恢复原状，维持法定的秩序或者状态。

【条文】

第五十七条　城市公共交通主管部门应当建立运营企业服务质量评价制度，定期对运营企业的服务质量进行评价并向社会公布，评价结果作为衡量运营企业运营绩效、发放政府补贴和线路运营权管理等的依据。

对服务质量评价不合格的线路，城市公共交通主管部门应当责令相关运营企业整改。整改不合格，严重危害公共利益，或者造成重大安全事故的，城市公共交通主管部门可以终止其部分或者全部线路运营权的协议内容。

【释义】

本条是关于服务质量评价的规定。

城市公共汽电车运营企业服务质量直接关系到公共利益和乘客的合法权益。政府通过线路运营服务协议的形式将城市公共汽电车客运服务委托运营企业来提供。实行企业服务质量评价是线路运营服务协议的保障，有利于政府部门履行监督权，保障运营服务质量。

一、开展服务质量评价工作依据和主要内容

一是《国务院关于城市优先发展公共交通的指导意见》（国发〔2012〕64 号）明确提出："加快建立健全城市公共交通发展绩效评价制度，国务院有关部门研究制定评价办法，定期对全国重点城市公共交通发展水平进行绩效评价。各城市要通过公众参与、专家咨询等多种方式，对运营企业服务质量和运营安全进行定期评价，结果作为衡量企业运营绩效、发放政府补贴的重要依据。"

二是《交通运输部关于贯彻落实＜国务院关于城市优先发展公共交通的指导意见＞的实施意见》（交运发〔2013〕368 号）提出："加强绩效评价和服务质量考核。研究制定城市公共交通绩效评价办法和评价指标体系，并定期发布重点城市的公共交通绩效评价结果。制定并落实城市公共交通运营服务标准和考核办法，细化城市公共交通服务质量考核指标体系，定期对城市公共汽电车运营企业运营服务质量实施监督考核。将考核结果作为衡量城市公共汽电车运营企业运营绩效、发放政府补贴、市场准入与退出的重要依据，促进城市公共交通运营资源向集约化程度高、服务质量好、社会效益显著的企业集中。"

三是对城市公共汽电车运营企业进行服务质量评价监督主要依据线路运营服务协议和有关服务规范。其中，"线路运营服务协议"是指城市公共交通主管部门与获得线路运营权的运营企业签订的规定双方权利义务的法律文本。"相关服务规范"是指关于城市公共汽电车运营企业服务质量评价的国家、行业、地方标准，具体包括：《城市公共汽电车客运服务规范》（GB/T 22484—2016）、《城市公共汽电车企业服务质量评价指标体系》（JT/T 1001—2015）等标准。

二、服务质量评价结果应用

实施城市公共汽电车运营企业服务质量评价是财政补贴补偿的重要依据，服务质量评价结果是城市人民政府确定公共汽电车财政补贴、补偿额度的重要依据。

为保障运营服务质量，城市公共交通主管部门应当定期对运营企业的服务质量进行评价，并与政府给予企业的补贴挂钩，评价提倡通过第三方开展，使其更具公信力。对服务质量评价不合格的线路应责令运营企业进行整改。整改仍不合格，且严重危害公共利益，或者造成重大安全事故的，根据《规定》，城市公共交通主管部门可以终止运营企业部分或者全部线路运营权的协议内容，既为更好地保障公共利益和运营安全，也为构建线路运营权的监管、退出机制提供了依据。

> **案例**
>
> #### 南昌市公交企业的服务质量评价与补贴方式
>
> "十二五"期间，南昌市财政局、交通运输局联合出台了《南昌市公交客运服务成本规制方案》（试行），明确规定："规制补贴的20%与公交服务质量挂钩，只有公交服务质量达到公交行业主管部门考核指标的，才能取得全额规制补贴，否则，相应扣减补贴。"据此，南昌市公共交通主管部门根据江西省城市公交企业质量信誉考核办法，对南昌市公交企业进行年度质量信誉考核，做出质量信誉考核等级评定结果（最高等级为 AAA 级，报请江西省公路运输管理局复核）。南昌市财政局根据质量信誉等级给予相应补贴。

【条文】

第五十八条 城市公共交通主管部门和运营企业应当分别建立城市公共交通服务投诉受理制度并向社会公布，及时核查和处理投诉事项，并将处理结果及时告知投诉人。

【释义】

本条是关于投诉处理的规定。

在城市公共交通服务活动中，出于不同的利益诉求，城市公共汽电车使用人和城市公共汽电车运营企业之间可能产生纠纷。处理好这类纠纷，对于维护正常的运营秩序、维护行业稳定具有积极的意义。城市公共交通主管部门作为城市公共交通服务的监督管理部门，与运营企业有责任及时处理城市公共交通服务中出现的投诉事件。城市公共交通主管部门和运营企业受理投诉后，应当及时进行调查、核实，并应当在规定时间内将处理意见回复投诉人。

一、建立投诉受理制度

投诉受理制度是指公民、法人以及其他组织，以口头或者书面形式，向城市公共交通主管部门或运营企业投诉、举报违反相关规章制度的行为。服务投诉可以通过电话、通信、电子网络等多种途径进行。公开专门用于接受单位和个人投诉的电话号码、通信地址或者电子邮件信箱，接受社会监督，是城市公共汽电车客运服务投诉制度的重要组成部分。

二、及时核查和处理投诉事项

城市公共交通主管部门和运营企业应当建立投诉处理工作制度，明确专门机构和人员负责服务质量投诉案件的调查、处理和回复在公交车厢等显著位置公开监督电话号码。城市公共交通主管部门和运营企业受理乘客投诉后，应当及时调查处理，并在规定时间内将投诉办理情况告知投诉人。对不属于本部门职责范围的事项，也应当及时告知投诉人。城市公共交通主管部门和运营企业应对投诉人信息保密。

三、将投诉处理结果及时反馈投诉人

为加强城市公共交通服务质量的监督和管理，规范城市公共交通服务行为，维护公民、法人和其他组织的合法权益，运营企业原则上自收到乘客投诉之日起 15 日内作出答复。运营企业逾期不答复或者乘客对答复有异议的，乘客可以向城市公共交通主管部门投诉，城市公共交通主管部门原则上自收到乘客投诉之日起 15 日内作出答复。

知识链接

12328 服务监督电话

交通运输行业具有点多、线长、面广的特点，与人民群众生产生活息息相关，经营主体复杂、社会关注度高、利益诉求多元。为了更好地畅通民生民意的诉求渠道，交通运输部门开通了全国统一的 12328 服务监督电话。截至 2016 年底，全国已有 330 多个地市级以上城市开通运行，主要受理城市公交、道路运输、公路、水路等领域的相关投诉举报、信息咨询和意见建议。

12328
交通运输服务监督电话
Transportation Service Supervision Hotline

12328 作为全国统一的交通运输服务监督电话，是各级交通运输主管部门密切联系人民群众的桥梁纽带，是推进交通运输治理体系和治理能力现代化的重要依托。通过行业上下的共同努力，全国 12328 系统即将实现部、省、市三级联网运行，电话业务受理量越来越大，社会影响越来越广泛，有效发挥了倾听民声、畅通民意、排解民忧、汇集民智的重要作用。

【条文】

第五十九条　城市公共交通主管部门应当对完成政府指令性运输任务成绩突出，文明服务成绩显著，有救死扶伤、见义勇为等先进事迹的运营企业和相关从业人员予以表彰。

【释义】

本条是关于奖励表彰先进的规定。

对城市公共交通行业具有积极影响的事件和人物宣传表彰，是城市公共交通主管部门树立行业形象、增强服务意识的重要手段和方式。要在制度建设上发挥积极的引导作用，规范运营企业的管理行为，强化社会责任意识，促使从业人员自觉遵章守纪，激励从业人员爱岗敬业，努力学习和掌握本职工作所需要的技术业务知识和技能，不断提高服务质量，全面提升企业及员工的社会服务意识和服务水平。

城市公共交通主管部门应不断建立健全相关激励机制，既要对有救死扶伤、见义勇为等先进事迹的运营企业和相关从业人员予以表彰和奖励，还要对完成政府指令性运输任务成绩突出、文明服务成绩显著的运营企业和相关从业人员予以表彰和奖励。

案例

郑州市 205 路"明星车长"

郑州市公共交通总公司的 205 路公交车长徐亚平兢兢业业、爱岗奉献，文明服务成绩突出，成为企业的"明星车长"。他坚持每天出车前一个小时打扫车厢，从每个座椅到前后风窗玻璃，从地板到车顶，都擦得干干净净。每次打扫卫生，他都会用一根缠着布条的铁丝，认真擦拭公交座椅间的缝隙。由于服务出色，徐亚平获得多项荣誉：郑州市文明市民、郑州市遵守职业道德十佳标兵、河南省五一劳动奖章、全国五一劳动奖章、全国劳模、2015 年感动交通年度人物。2017 年初，经国务院批准，徐亚平享受 2016 年国务院特殊津贴，是郑州公交系统第一个获此殊荣的人。

第七章　法律责任

【条文】

第六十条　未取得线路运营权、未与城市公共交通主管部门签订城市公共汽电车线路特许经营协议，擅自从事城市公共汽电车客运线路运营的，由城市公共交通主管部门责令停止运营，并处 2 万元以上 3 万元以下的罚款。

【释义】

本条是关于非法从事城市公共汽电车线路运营的法律责任的规定。

一、规定了责任主体

承担本条规定的法律责任的主体是擅自从事城市公共汽电车线路运营的非法营运单位和个人。

二、规定了应当承担法律责任的违法行为

应当承担本条规定的法律责任的违法行为包括以下四种情形：

一是未取得线路运营权，擅自从事城市公共汽电车线路运营。已制定地方性法规实行行政许可的，如未取得行政许可，按照地方性法规承担相应的法律责任。未按《规定》第十四条取得线路运营权擅自从事线路运营的，属于非法营运。

二是未与城市公共交通主管部门签订城市公共汽电车线路特许经营协议，擅自从事线路运营。根据《规定》第十四条，城市公共交通主管部门应当与取得线路运营权的运营企业签订线路特许经营协议。凡是未按上述规定与城市公共交通主管部门签订线路特许经营协议，擅自从事线路运营的，属于非法营运。

三是持过期或者已失效线路特许经营协议从事线路运营。《规定》第十六条规定，城市公共汽电车线路运营权实行期限制，同一城市公共汽电车线路运营权实行统一的期限。

《规定》第十八条规定，城市公共汽电车线路运营权期限届满，由城市公共交通主管部门按照《规定》第十四条的规定重新选择取得该线路运营权的运营企业。线路特许经营协议有效期届满，未经城市公共交通主管部门按照《规定》第十四条的规定重新确定经营主体，仍然从事线路运营的，构成本条所指的"擅自从事城市公共汽电车客运线路运营"行为。

三、规定了责任形式

根据本条规定，擅自从事城市公共汽电车客运线路运营承担的法律责任形式为行政责任。

一是对于责任主体，城市公共交通主管部门首先应当责令其停止运营。责令停止运营是恢复城市公共汽电车市场正常运营秩序的必要手段。

二是城市公共交通主管部门对责任主体处以 2 万元以上 3 万元以下的

罚款。这一规定是为了遏制责任主体通过非法营运谋取非法利益的动因。本《规定》的罚款数额幅度是2万元以上3万元以下，具体罚款数额由城市公共交通主管部门依据其自由裁量权，视责任主体违法情节轻重确定。需要注意的是：第一，制裁的目的不是单纯惩戒，而是通过惩戒纠正责任主体的违法行为。这就存在一个对非法营运处罚后的管理规范问题。处罚后，如果责任主体想要继续从事城市公共汽电车线路运营，应该依据《规定》第十四条，在取得线路运营权并与城市公共交通主管部门签署线路特许经营协议后方可进行。第二，对未取得线路运营权且未与城市交通主管部门签订特许经营协议的单位和个人，城市公共交通管理部门不得以罚代管。

【条文】

第六十一条 运营企业违反本规定第二十五条、第二十六条规定，未配置符合要求的服务设施和运营标识的，由城市公共交通主管部门责令限期改正；逾期不改正的，处5000元以下的罚款。

【释义】

本条是关于运营企业未按要求公布或设置服务标识的法律责任的规定。

一、规定了责任主体

承担本条规定的法律责任的主体是未配置符合要求的服务设施和运营标识的城市公共汽电车运营企业。

二、规定了应当承担法律责任的违法行为

本条针对的是运营企业违反《规定》第二十五条、第二十六条规定，未配置符合要求的服务设施和运营标识的违法行为。具体包括以下两种情形：

一是未在投入运营的车辆上配置符合要求的相关服务设施和运营标识的。根据《规定》第二十五条，运营企业应当按照有关标准及城市公共交通主管部门的要求，在投入运营的车辆上配置符合上述五款要求的相关服务设施和运营标识。《城市公共汽电车客运服务规范》（GB/T 22484—2016）第6.3款要求城市公共汽电车运营车辆的"标志应醒目、齐全，便于识别。标志内容应按照《城市公共交通标志 第2部分：一般图形符号和安全标志》（GB/T 5845.2—2008）要求，并符合本文件附录 B 的规定"。第 6.5.5 款要求"车载服务终端、报站器、读卡机、投币箱（机）、电子显示屏、视频监视器、车内照明等设施应完好有效"。第 6.5.6 款要求"无障碍设施应完好，安全可靠"。附录 B "车辆服务标志与安全提示标志"中对运营车辆服务标识的要求包括：①在车厢外侧标明公交企业名称（或标志）和车辆编号；②车辆应设置路牌；③对空调车、无人售票车、集成电路卡（IC 卡）收费车、分段计价车、无障碍车以及有上、下车门顺序要求的车辆等应在车厢外侧设置相关标志；④在车内适当位置应张贴本线路的站名排序、票制票价、服务监督电话号码、乘客须知、服务公约等；⑤车厢内上车门附近应设儿童购票高度标线；⑥老幼病残孕座席应设置标志；⑦空调车内应设温度计，并明示开启冷暖风条件。未在投入运营的车辆上按以上要求配置《规定》第二十五条规定的服务设施和运营标识的，构成本条规定的违法行为。

二是未在城市公共汽电车客运首末站和中途站配置符合要求的相关服务设施和运营标识的。根据《规定》第二十六条，运营企业应当按照有关标准及城市公共交通主管部门的要求，在城市公共汽电车客运首末站和中途站配置符合以下要求的相关服务设施和运营标识。《城市公共汽电车客运服务规范》（GB/T 22484—2016）第 5 章对车站设施做了明确要求，其中 5.3 款要求"站牌应标明本站名称及汉语拼音、线路编号、首末站、中途站、首末班车时间、票价及票制、行驶方向。宜标明主要交通工具换乘标志；宜公布服务监督电话，可设置本站站名盲文标识；宜列出早晚高峰、平峰时线路发车间隔。站牌的形式、技术要求应符合《城市公共交通标志 第 3 部分：公共汽电车站牌和路牌》（GB/T 5845.3—2008）的规定"；5.4.2 款明确要求"首末站应设运营服务人员休息、餐饮、卫生等场所和设施，可根据需要设置运营服务人员夜间休息室"等。未在城市公共汽电车客运首末站和中途站按《规定》第二十六条要求配置符合要求的相关服务设施和运营标识的，构成本条规定的违法行为。

三、规定了责任形式

根据本条规定，运营企业未按要求公布或设置服务标识，需要承担的法律责任形式为行政责任。

一是首先由城市公共交通主管部门责令限期改正。《行政处罚法》第二十三条规定："行政机关实施行政处罚时，应当责令当事人改正或者限期改正违法行为。"实践中，有必要在对责任主体进行行政处罚的同时，单独下达责令限期改正文书，明确需整改的具体问题，必要时还要提出整改措施建议。责令限期改正是恢复城市公共汽电车市场正常运营秩序、保障乘客合法权益的必要手段。

二是逾期还不改正的，城市公共交通主管部门可以对其处5000元以下的罚款。需要注意的是，由于本条的规定是"可以"罚款，因此是否罚款，取决于城市公共交通主管部门的自由裁量权；由于本条的规定是"可以处5000元以下的罚款"，因此在5000元以下的罚款数额幅度范围内，具体罚多少，也取决于城市公共交通主管部门的自由裁量权，由其视企业违法情节轻重程度决定。需要说明的是，《规定》是城市公共汽电车运营服务标准化、规范化的客观要求，也是提升城市公共交通服务质量、保障乘客权益的需要。

【条文】

第六十二条 运营企业有下列行为之一的，由城市公共交通主管部门责令限期改正；逾期未改正的，处5000元以上1万元以下的罚款：

（一）未定期对城市公共汽电车车辆及其安全设施设备进行检测、维护、更新的；

（二）未在城市公共汽电车车辆和场站醒目位置设置安全警示标志、安全疏散示意图和安全应急设备的；

（三）使用不具备本规定第二十七条规定条件的人员担任驾驶员、乘务员的；

（四）未对拟担任驾驶员、乘务员的人员进行培训、考核的。

【释义】

本条是关于运营企业违反有关安全管理规定的法律责任的责任。

一、规定了责任主体

承担本条规定的法律责任的主体是违反有关安全管理规定的城市公共

汽电车运营企业。

二、规定了应当承担法律责任的违法行为

应当承担本条规定的法律责任的违法行为包括以下四种情形：

一是未定期对城市公共汽电车车辆及其安全设施、设备进行检测、维护、更新的。依据《规定》第四十七条，运营企业应当建立城市公共汽电车车辆安全管理制度，定期对运营车辆及附属设备进行检测、维护、更新，保证其处于良好状态。不得将存在安全隐患的车辆投入运营。未按上述规定定期对城市公共汽电车车辆及其安全设施、设备进行检测、维护、更新的，构成本条规定的违法行为。

二是未在城市公共汽电车车辆和场站醒目位置设置安全警示标志、安全疏散示意图和安全应急设备的。依据《规定》第四十八条，运营企业应当在城市公共汽电车车辆和场站醒目位置设置安全警示标志、安全疏散示意图等，并为车辆配备灭火器、安全锤等安全应急设备，保证安全应急设备处于良好状态。未按上述规定在城市公共汽电车车辆和场站醒目位置设置安全警示标志、安全疏散示意图和安全应急设备的，构成本条规定的违法行为。

三是使用不具备《规定》第二十七条规定条件的人员担任驾驶员、乘务员的。依据《规定》第二十七条，运营企业聘用的从事城市公共汽电车客运的驾驶员、乘务员，应当具备以下条件：（1）具有履行岗位职责的能力；（2）身心健康，无可能危及运营安全的疾病或者病史；（3）无吸毒或者暴力犯罪记录。从事城市公共汽电车客运的驾驶员还应当符合以下条件：（1）取得与准驾车型相符的机动车驾驶证且实习期满；（2）最近连续3个记分周期内没有记满12分违规记录；（3）无交通肇事犯罪、危险驾驶犯罪记录，无饮酒后驾驶记录。使用不具备上述规定条件的人员担任驾驶员、乘务员的，构成本条规定的违法行为。

四是未对拟担任驾驶员、乘务员的人员进行培训、考核的。依据《规定》第二十八条，运营企业应当按照有关规范和标准对城市公共汽电车客运驾驶员、乘务员进行有关法律法规、岗位职责、操作规程、服务规范、安全防范和应急处置等基本知识与技能的培训和考核，安排培训、考核合

格人员上岗。运营企业应当将相关培训、考核情况建档备查，并报城市公共交通主管部门备案。未按上述规定条件对拟担任驾驶员、乘务员的人员进行培训、考核的，构成本条规定的违法行为。

三、规定了责任形式

根据本条规定，运营企业未按要求公布或设置服务标识的，需要承担的法律责任形式为行政责任。

一是首先由城市公共交通主管部门责令限期改正。责令限期改正是确保城市公共汽电车运营安全、保障乘客合法权益的必要手段。

二是逾期未改正的，处5000元以上1万元以下的罚款。在城市公共交通主管部门责令的期限内没有改正的，城市公共交通主管部门对其处以罚款，罚款数额幅度为5000元以上1万元以下，具体数额取决于城市公共交通主管部门的自由裁量权，由其视企业违法情节轻重程度决定。

【条文】

第六十三条 运营企业未制定应急预案并组织演练的，由城市公共交通主管部门责令限期改正，并处1万元以下的罚款。

发生影响运营安全的突发事件时，运营企业未按照应急预案的规定采取应急处置措施，造成严重后果的，由城市公共交通主管部门处2万元以上3万元以下的罚款。

【释义】

本条是关于城市公共汽电车运营企业未制定应急预案及未按照应急预案采取措施相关法律责任的规定。

一、规定了责任主体

承担本条规定的法律责任的主体是未制定应急预案及未按照应急预案采取措施的城市公共汽电车运营企业。

二、规定了应当承担法律责任的违法行为

应当承担本条规定的法律责任的违法行为包括以下两种情形：

一是未制定应急预案，或者制定了应急预案但未组织演练的。依据本《规定》第五十二条，城市公共交通主管部门应当会同有关部门制定城市公共汽电车客运突发事件应急预案，报城市人民政府批准。运营企业应当根据城市公共汽电车客运突发事件应急预案，制定本企业的应急预案，并定期演练。未按以上规定执行的，则构成本条规定的违法行为。

二是发生影响运营安全的突发事件时，运营企业未按照应急预案的规定采取应急处置措施，造成严重后果的。依据本《规定》第五十二条，发生安全事故或者影响城市公共汽电车客运运营安全的突发事件时，城市公共交通主管部门、运营企业等应当按照应急预案及时采取应急处置措施。未按以上规定的，则构成本条规定的违法行为。

三、规定了责任形式

根据本条规定，运营企业未制定应急预案及未按照应急预案采取措施，需要承担的法律责任形式为行政责任。

一是运营企业未制定应急预案并组织演练的，由城市公共交通主管部门责令限期改正，并处 1 万元以下的罚款。责令限期改正是确保城市公共汽电车运营安全的必要手段。在城市公共交通主管部门责令的期限内没有改正的，城市公共交通主管部门对其处以罚款，罚款数额幅度为 1 万元以下，具体数额取决于城市公共交通主管部门的自由裁量权，由其视企业违法情节轻重程度决定。

二是发生影响运营安全的突发事件时，运营企业未按照应急预案的规定采取应急处置措施，造成严重后果的，由城市公共交通主管部门处 2 万元以上 3 万元以下的罚款。城市公共交通主管部门对其处以罚款，罚款数额幅度为 2 万元以上 3 万元以下，具体数额取决于城市公共交通主管部门的自由裁量权，由其视企业违法情节轻重程度决定。

【条文】

第六十四条 城市公共汽电车客运场站和服务设施的日常管理单位未按照规定对有关场站设施进行管理和维护的，由城市公共交通主管部门责令限期改正；逾期未改正的，处 1 万元以下的罚款。

【释义】

本条是关于城市公共汽电车客运场站和服务设施的日常管理单位未能履行场站设施管理义务的法律责任的规定。

一、规定了责任主体

承担本条规定的法律责任的主体是城市公共汽电车客运场站和服务设施的日常管理单位，包括运营企业，但不限于运营企业。由于各地管理体制不同，责任主体也有所不同。

二、规定了应当承担法律责任的违法行为

应当承担本条规定的法律责任的违法行为包括以下两种情形：

一是未按有关标准和规定要求对场站和服务设施进行日常管理的，依据《规定》第三十六条，城市公共汽电车客运场站等服务设施的日常管理单位应当按照有关标准和规定，对场站等服务设施进行日常管理，定期进行维修、保养，保持其技术状况、安全性能符合国家标准，维护场站的正常运营秩序。有关标准包括相关的国家标准、行业标准和地方标准，《城市公共汽电车客运服务规范》（GB/T 22484—2016）第5章和第6.5款分别对车站设施和服务设施的设置、管理、维护等提出了具体要求。未按以上规定对场站和服务设施进行日常管理的，则构成本条规定的违法行为。

二是未对场站和服务设施定期进行维修、保养，保持其技术状况、安全性能符合国家标准的，依据《规定》第三十六条，无论是哪个管理主体作为城市公共汽电车客运场站等服务设施的管理者，都承担着对场站和服务设施定期进行维修、保养的义务，并必须保持场站和服务设施处于良好状态。是否处于良好状态应依据有关国家标准、行业标准要求认定。主要相关技术标准包括但不限于：《道路交通标志和标线 第2部分：道路交通标志》（GB 5768.2—2009）、《道路交通标志和标线 第3部分：道路交通标线》（GB 5768.3—2009）、《城市公共交通标志 第2部分：一般图形符号和安全标志》（GB/T 5845.2—2008）、《城市公共交通标志 第3部分：公共汽电车站牌和路牌》（GB/T 5845.3—2008）、《城市公共交通标志 第4部分：运营工具、站（码头）和线路图形符号》（GB/T 5845.4—2008）、《机动车运行安全技术条件》（GB 7258—2012）、《汽车维护、检测、诊断技术规范》（GB/T 18344—2001）、《城市公共交通调度车载信息终端》（GB/T 26766—2011）、《城市公共交通调度车载信息终端与调度中心间数据通信协议》（GB/T 28787—2012）、《汽车库、修车库、停车场设计防火规范》（GB 50067—2014）、《城市道路交通规划设计规范》（GB 50220—1995）、《城市道路交通设施设计规范》（GB 50688—2011）、《无障碍设计规范》（JGJ 50763—2012）。

三、规定了责任形式

根据本条规定，城市公共汽电车客运场站和服务设施的日常管理单位未能履行场站设施管理义务，需要承担的法律责任形式为行政责任。

一是首先由城市公共交通主管部门责令限期改正。责令限期改正是确保城市公共汽电车运营安全的必要手段。

二是逾期未改正的，处 1 万元以下的罚款。在城市公共交通主管部门责令的期限内没有改正的，城市公共交通主管部门对其处以罚款，罚款数额幅度为 1 万元以下，具体数额取决于城市公共交通主管部门的自由裁量权，由其视企业违法情节轻重程度决定。

【条文】

第六十五条　违法携带违禁物品进站乘车的，或者有本规定第五十三条危害运营安全行为的，运营企业应当报当地公安部门依法处理。

【释义】

关于违法携带违禁物品进站乘车和有危害运营安全行为的法律责任规定。

一、规定了责任主体

一是承担本条规定的法律责任的主体包括违反本《规定》第四十九条，携带违禁物品进站乘车的，及违反本《规定》第五十三条，危害运营安全行为的单位和个人；二是城市公共汽电车运营企业具有依法向当地公安部门报告相关违法行为的责任义务。

二、规定了应当承担法律责任的违法行为

应当承担本条规定的法律责任的违法行为包括以下两种情形：一是违法携带违禁物品进站乘车。根据本《规定》第四十九条，禁止携带违禁物品乘车。二是有本《规定》第五十三条危害运营安全行为的。根据本《规定》第五十三条，危害运营安全行为主要包括：

（1）非法拦截或者强行上下城市公共汽电车车辆；

（2）在城市公共汽电车场站及其出入口通道擅自停放非城市公共汽电车车辆、堆放杂物或者摆摊设点等；

（3）妨碍驾驶员的正常驾驶；

（4）违反规定进入公交专用道；

（5）擅自操作有警示标志的城市公共汽电车按钮、开关装置，非紧急状态下动用紧急或安全装置；

（6）妨碍乘客正常上下车；

（7）其他危害城市公共汽电车运营安全、扰乱乘车秩序的行为。

三、明确了执法主体

根据本条规定，违法携带违禁物品进站乘车的，或者有本《规定》第五十三条危害运营安全行为的，运营企业应当报当地公安部门依法处理。具体而言可分两类情形予以处理，一是根据本《规定》第五十条，对于携带违禁物品的乘客，运营企业从业人员应当制止其乘车，制止无效的，及时报告公安部门处理。二是，对于有本《规定》第五十三条危害运营安全行为的，运营企业从业人员接到报告或者发现上述行为应当及时制止；如果制止无效的，上述许多措施可能涉及行政强制权，需及时报告公安部门依法处理。

【条文】

第六十六条 违反本规定第五十四条，有危害城市公共汽电车客运服务设施行为的，由城市公共交通主管部门责令改正，对损坏的设施依法赔偿，对个人处以1000元以下的罚款，对单位处5000元以下的罚款。构成犯罪的，依法追究刑事责任。

【释义】

本条是关于危害城市公共汽电车客运服务设施行为法律责任的规定。

一、规定了责任主体

承担本条规定的法律责任的主体是有危害城市公共汽电车客运服务设施行为的单位和个人。

二、规定了应当承担法律责任的违法行为

应当承担本条规定的法律责任的违法行为包括以下五种情形：

（1）破坏、盗窃城市公共汽电车车辆、设施、设备；

（2）擅自关闭、侵占、拆除城市公共汽电车客运服务设施或者挪作他用；

（3）损害、覆盖电车供电设施及其保护标识，在电车架线杆、馈线安全保护范围内修建建筑物、构筑物或者堆放、悬挂物品，搭设管线、电（光）缆等；

（4）擅自覆盖、涂改、污损、毁坏或者迁移、拆除站牌；

（5）其他影响城市公共汽电车客运服务设施功能和安全的行为。

三、规定了责任形式

本条规定的责任主要是行政责任和刑事责任。

1. 行政责任

《行政处罚法》第二十三条规定："行政机关实施行政处罚时，应当责令当事人改正或者限期改正违法行为。"对于违反本条规定的，明确了相应的法律责任，一是要责令改正，二是要依法赔偿损失，三是处以一定额度的罚款。

2. 刑事责任

构成犯罪的，依法追究刑事责任。

（1）《刑法》第一百一十七条规定："破坏轨道、桥梁、隧道、公路、机场、航道、灯塔、标志或者进行其他破坏活动，足以使火车、汽车、电车、船只、航空器发生倾覆、毁坏危险，尚未造成严重后果的，处三年以上十年以下有期徒刑。"

（2）《刑法》第一百一十九条第一款规定："破坏交通工具、交通设施、电力设备、燃气设备、易燃易爆设备，造成严重后果的，处十年以上有期徒刑、无期徒刑或者死刑。"

【条文】

第六十七条 城市公共交通主管部门不履行本规定职责、造成严重后果的，或者有其他滥用职权、玩忽职守、徇私舞弊行为的，对负有责任的

领导人员和直接责任人员依法给予处分；构成犯罪的，依法追究刑事责任。

【释义】

本条是关于城市公共交通主管部门工作人员违法行为的法律责任规定。

一、规定了责任主体

本条规定的法律责任的主体包括两个方面：一是城市公共交通主管部门直接责任的人员；二是负有责任的领导人员。两者都要被追究法律责任。

二、规定了应当承担法律责任的违法行为

应当承担本条规定的法律责任的违法行为包括以下两种情形：

一是城市交通主管部门不履行本《规定》职责、造成严重后果的。不履行本《规定》职责，主要包括本《规定》中"规划与建设""运营管理""运营服务""运营安全""监督检查"等方面关于监管、监督检查等规定的职责要求。造成严重后果，主要是指对社会秩序有严重危害。一般是指：造成重大人员伤亡；造成巨大经济损失的；造成县级以上区域范围居民生活秩序严重混乱的；妨碍国家重大活动进行的；造成其他严重后果的。

二是城市公共交通主管部门领导或工作人员有滥用职权、玩忽职守、徇私舞弊行为的。根据《刑法》的规定，滥用职权罪、玩忽职守罪、徇私舞弊罪等均属于渎职罪名。《最高人民检察院关于渎职侵权犯罪案件立案标准的规定》（高检发释字〔2006〕2号）规定滥用职权罪是指国家机关工作人员超越职权，违法决定、处理其无权决定、处理的事项，或者违反规定处理公务，致使公共财产、国家和人民利益遭受重大损失的行为。玩忽职守罪是指国家机关工作人员严重不负责任，不履行或者不认真履行职责，致使公共财产、国家和人民利益遭受重大损失的行为。徇私舞弊罪，是指司法工作人员和有关国家工作人员利用职务上的便利和权力，对明知是无罪的而使他受追诉，对明知是有罪的人而故意包庇不使他受追诉，或者故意颠倒黑白作枉法裁判；或者利用职务包庇、窝藏经济犯罪分子等，隐瞒、掩饰其犯罪事实的行为。

滥用职权、玩忽职守、徇私舞弊行为，在本《规定》中一般是指：城市公共交通主管部门工作人员未按本办法规定的条件、程序和期限做出行政行为的；利用法规授予的公共管理职权谋取私利，滥用职权违反法定权限和程序实施监督检查、行政处罚，利用职权索取、收受他人财物，或者谋取其他利益；怠于行使职权，徇私舞弊，发现违法行为不及时依法查处等。上述滥用职权、玩忽职守、徇私舞弊行为，情节严重的，构成犯罪。

三、规定了责任形式

根据本条规定，城市公共交通主管部门不履行本《规定》职责、造成严重后果的，或者有其他滥用职权、玩忽职守、徇私舞弊行为的，对负有责任的领导人员和直接责任人员依法给予处分；构成犯罪的，依法追究刑事责任。按照此规定，违反该规定承担的法律责任为行政责任和刑事责任。

（1）根据《中华人民共和国公务员法》第一百零四条，公务员主管部门的工作人员，违反本法规定，滥用职权、玩忽职守、徇私舞弊，构成犯罪的，依法追究刑事责任；尚不构成犯罪的，给予处分。

（2）行政处分是城市公共交通主管部门对其工作人员违法失职行为的内部惩戒措施，根据《中华人民共和国公务员法》相关规定，行政处分有警告、记过、记大过、降级、降职、开除六种。行政处分必须依法做出，城市公共交通主管部门工作人员对行政处分决定不服的，可以向人事、监察等有关部门申诉。

（3）刑事责任。城市公共交通主管部门工作人员违反本条规定构成犯罪的，依法追究刑事责任。触犯的罪名主要是贪污罪、挪用公款罪、受贿罪、私分罚没财物罪、滥用职权罪、玩忽职守罪等。《刑法》第三百九十七条规定："国家机关工作人员滥用职权或者玩忽职守，致使公共财产、国家和人民利益遭受重大损失的，处三年以下有期徒刑或者拘役；情节特别严重的，处三年以上七年以下有期徒刑。本法另有规定的，依照规定。"

【条文】

第六十八条 地方性法规、政府规章对城市公共汽电车客运违法行为需要承担的法律责任与本《规定》有不同规定的，从其规定。

【释义】

本条是关于本办法的法律责任条款适用性的规定。

一、地方制定地方性法规和政府规章，加强对城市公共汽电车行业管理

根据《中华人民共和国立法法》第七十二条"省、自治区、直辖市的人民代表大会及其常务委员会根据本行政区域的具体情况和实际需要，在不同宪法、法律、行政法规相抵触的前提下，可以制定地方性法规。设区的市的人民代表大会及其常务委员会根据本市的具体情况和实际需要，在不同宪法、法律、行政法规和本省、自治区的地方性法规相抵触的前提下，可以对城乡建设与管理、环境保护、历史文化保护等方面的事项制定地方性法规，法律对设区的市制定地方性法规的事项另有规定的，从其规定。设区的市的地方性法规须报省、自治区的人民代表大会常务委员会批准后施行"。第八十二条"省、自治区、直辖市和设区的市、自治州的人民政府，可以根据法律、行政法规和本省、自治区、直辖市的地方性法规，制定规章"。目前，一些省、自治区、直辖市已经制定了地方性法规、政府规章，也有一些省、自治区、直辖市已经安排立法计划。

二、关于地方性法规等适用性的规定

《规定》有关法律责任的条款，与地方性法规、政府规章之间对同一事项的规定不一致时，可按照地方性法规、政府规章的相关规定执行。

由于城市公共汽电车采取"属地管理"的管理体制，在《规定》出台前，一些省、自治区、直辖市已经制定了相关的地方性法规、地方政府规章，对相关违法行为设定了法律责任，为了尊重各地的管理实际，《规定》明确了"地方性法规、政府规章对城市公共汽电车客运违法行为需要承担的法律责任与本《规定》有不同规定的，从其规定"。主要表现在两个方面：对相同情形的违法行为，《规定》和地方性法规或政府规章在实施处罚的形式、标准上有所不同，均优先适用于地方性法规和政府规章。在地方性法规、政府规章未做出相关规定的情况下，适用本《规定》。

第八章 附 则

【条文】

第六十九条 县（自治县、旗、自治旗、团场）开通公共汽电车客运的，参照适用本规定。

【释义】

本条是关于县级人民政府开通公共汽电车客运的参照适用的规定。

考虑到县级人民政府开通公共汽电车客运的实际情况，本附则明确了参照适用的范围包括开通公共汽电车客运的县（自治县、旗、自治旗、团场）。

【条文】

第七十条 经相关城市人民政府协商开通的毗邻城市间公共汽电车客运，参照适用本规定。

【释义】

本条是关于毗邻城市间公共汽电车客运的参照适用的规定。

发展城市公共汽电车客运，城市人民政府是责任主体。随着全面建成小康社会、新型城镇化建设、公共服务均等化等进程的加快，许多城市城区范围不断扩大，城市公共交通的服务范围也不断由市中心区域向周边郊区和乡镇等地延伸，城市公共交通已成为统筹城乡、区域之间协调发展的重要纽带。例如近年来，京津冀毗邻城市全面开通公共交通，江苏省全面推进"镇村公交"等，有效地推进了城乡交通运输一体化。这种情况下，城市公共汽电车客运的管理与现行的城市管理体制产生了不一致。考虑到毗邻城市间开通公共汽电车客运的实际情况，本附则明确经相关城市人民政府协商开通的毗邻城市间公共汽电车客运，参照适用本《规定》。

【条文】

第七十一条 本规定自 2017 年 5 月 1 日起施行。

【释义】

本条是关于本《规定》实施时限的规定。

本《规定》的实施起始日期为 2017 年 5 月 1 日。《规定》颁布实施后，各地交通运输主管部门要在当地党委、政府的统一领导下，会同有关部门共同推进《规定》的贯彻实施工作。

一、加强《规定》宣贯

各地要及时组织有关方面加强对《规定》的学习，明确各自责任义务和相关的管理及行为规范。要积极利用网络、广播、电视、报纸、新媒体等渠道，加大宣传力度，让社会各界理解和支持《规定》，把《规定》要求落到实处，共同营造良好发展环境。

二、加强规章衔接和实施过渡

各地要对照《规定》的相关要求，认真梳理本地城市公共汽电车客运相关管理制度，积极做好《规定》颁布实施与当前各地管理模式的衔接适用。对于相关规定不一致的，要及时提请修订完善。要妥善处理推进改革过程中的各方利益关系，确保《规定》实施后的行业稳定。通过进一步深化改革、规范管理，着力提升城市公共汽电车客运服务质量和水平，努力让人民群众出行更满意。

附件

城市公共汽车和电车客运管理规定
（交通运输部令 2017 年第 5 号）

《城市公共汽车和电车客运管理规定》已于 2017 年 3 月 1 日经第 3 次部务会议通过，自 2017 年 5 月 1 日起施行。

部长　李小鹏
2017 年 3 月 7 日

第一章　总　　则

第一条　为规范城市公共汽车和电车客运活动，保障运营安全，提高服务质量，促进城市公共汽车和电车客运事业健康有序发展，依据《国务院关于城市优先发展公共交通的指导意见》（国发〔2012〕64 号），制定本规定。

第二条　从事城市公共汽车和电车（以下简称城市公共汽电车）客运的服务提供、运营管理、设施设备维护、安全保障等活动，应当遵守本规定。

本规定所称城市公共汽电车客运，是指在城市人民政府确定的区域内，运用符合国家有关标准和规定的公共汽电车车辆和城市公共汽电车客运服务设施，按照核准的线路、站点、时间和票价运营，为社会公众提供基本出行服务的活动。

本规定所称城市公共汽电车客运服务设施，是指保障城市公共汽电车客运服务的停车场、保养场、站务用房、候车亭、站台、站牌以及加油（气）站、电车触线网、整流站和电动公交车充电设施等相关设施。

第三条　交通运输部负责指导全国城市公共汽电车客运管理工作。

省、自治区人民政府交通运输主管部门负责指导本行政区域内城市公共汽电车客运管理工作。

城市人民政府交通运输主管部门或者城市人民政府指定的城市公共交通运营主管部门（以下简称城市公共交通主管部门）具体承担本行政区域内城市公共汽电车客运管理工作。

第四条　城市公共汽电车客运是城市公共交通的重要组成部分，具有公益属性。

省、自治区人民政府交通运输主管部门和城市公共交通主管部门应当在本级人民政府的领导下，会同有关部门，根据国家优先发展公共交通战略，落实在城市规划、财政政策、用地供给、设施建设、路权分配等方面优先保障城市公共汽电车客运事业发展的政策措施。

第五条　城市公共汽电车客运的发展，应当遵循安全可靠、便捷高效、经济适用、节能环保的原则。

第六条　国家鼓励城市公共汽电车客运运营企业实行规模化、集约化经营。

第七条　国家鼓励推广新技术、新能源、新装备，加强城市公共交通智能化建设，推进物联网、大数据、移动互联网等现代信息技术在城市公共汽电车客运运营、服务和管理方面的应用。

第二章　规划与建设

第八条　城市公共交通主管部门应当统筹考虑城市发展和社会公众基本出行需求，会同有关部门组织编制、修改城市公共汽电车线网规划。

编制、修改城市公共汽电车线网规划，应当科学设计城市公共汽电车线网、场站布局、换乘枢纽和重要交通节点设置，注重城市公共汽电车与其他出行方式的衔接和协调，并广泛征求相关部门和社会各方的意见。

第九条　城市公共交通主管部门应当依据城市公共汽电车线网规划，结合城市发展和社会公众出行需求，科学论证、适时开辟或者调整城市公共汽电车线路和站点，并征求社会公众意见。

新建、改建、扩建城市公共汽电车客运服务设施，应当符合城市公共汽电车线网规划。

第十条　城市公共交通主管部门应当按照城市公共汽电车线网规划，对城市道路等市政设施以及规模居住区、交通枢纽、商业中心、工业园区等大型建设项目配套建设城市公共汽电车客运服务设施制定相关标准。

第十一条　城市公共交通主管部门应当会同有关部门，按照相关标准要求，科学设置公交专用道、公交优先通行信号系统、港湾式停靠站等，提高城市公共汽电车的通行效率。

第十二条　城市公共交通主管部门应当定期开展社会公众出行调查，充分利用移动互联网、大数据、云计算等现代信息技术收集、分析社会公众出行时间、方式、频率、空间分布等信息，作为优化城市公共交通线网的依据。

第十三条　城市公共交通主管部门应当按照有关标准对城市公共汽电车线路、站点进行统一命名，方便乘客出行及换乘。

第三章　运营管理

第十四条　城市公共汽电车客运按照国家相关规定实行特许经营，城市公共交通主管部门应当根据规模经营、适度竞争的原则，综合考虑运力配置、社会公众需求、社会公众安全等因素，通过服务质量招投标的方式选择运营企业，授予城市公共汽电车线路运营权；不符合招投标条件的，由城市公共交通主管部门择优选择取得线路运营权的运营企业。城市公共交通主管部门应当与取得线路运营权的运营企业签订线路特许经营协议。

城市公共汽电车线路运营权实行无偿授予，城市公共交通主管部门不得拍卖城市公共汽电车线路运营权。运营企业不得转让、出租或者变相转让、出租城市公共汽电车线路运营权。

第十五条　申请城市公共汽电车线路运营权应当符合下列条件：

（一）具有企业法人营业执照；

（二）具有符合运营线路要求的运营车辆或者提供保证符合国家有关标准和规定车辆的承诺书；

（三）具有合理可行、符合安全运营要求的线路运营方案；

（四）具有健全的经营服务管理制度、安全生产管理制度和服务质量保障制度；

（五）具有相应的管理人员和与运营业务相适应的从业人员；

（六）有关法律、法规规定的其他条件。

第十六条　城市公共汽电车线路运营权实行期限制，同一城市公共汽电车线路运营权实行统一的期限。

第十七条　城市公共汽电车线路特许经营协议应当明确以下内容：

（一）运营线路、站点设置、配置车辆数及车型、首末班次时间、运营间隔、线路运营权期限等；

（二）运营服务标准；

（三）安全保障制度、措施和责任；

（四）执行的票制、票价；

（五）线路运营权的变更、延续、暂停、终止的条件和方式；

（六）履约担保；

（七）运营期限内的风险分担；

（八）应急预案和临时接管预案；

（九）运营企业相关运营数据上报要求；

（十）违约责任；

（十一）争议调解方式；

（十二）双方的其他权利和义务；

（十三）双方认为应当约定的其他事项。

在线路特许经营协议有效期限内，确需变更协议内容的，协议双方应当在共同协商的基础上签订补充协议。

第十八条　城市公共汽电车线路运营权期限届满，由城市公共交通主管部门按照第十四条规定重新选择取得该线路运营权的运营企业。

第十九条　获得城市公共汽电车线路运营权的运营企业，应当按照线路特许经营协议要求提供连续服务，不得擅自停止运营。

运营企业需要暂停城市公共汽电车线路运营的，应当提前 3 个月向城市公共交通主管部门提出报告。运营企业应当按照城市公共交通主管部门的要求，自拟暂停之日7日前向社会公告；城市公共交通主管部门应当根据需要，采取临时指定运营企业、调配车辆等应对措施，保障社会公众出行需求。

第二十条 在线路运营权期限内，运营企业因破产、解散、被撤销线路运营权以及不可抗力等原因不能运营时，应当及时书面告知城市公共交通主管部门。城市公共交通主管部门应当按照国家相关规定重新选择线路运营企业。

在线路运营权期限内，运营企业合并、分立的，应当向城市公共交通主管部门申请终止其原有线路运营权。合并、分立后的运营企业符合本规定第十五条规定条件的，城市公共交通主管部门可以与其就运营企业原有的线路运营权重新签订线路特许经营协议；不符合相关要求的，城市公共交通主管部门应当按照国家相关规定重新选择线路运营企业。

第二十一条 城市公共交通主管部门应当配合有关部门依法做好票制票价的制定和调整，依据成本票价，并按照鼓励社会公众优先选择城市公共交通出行的原则，统筹考虑社会公众承受能力、政府财政状况和出行距离等因素，确定票制票价。

运营企业应当执行城市人民政府确定的城市公共汽电车票制票价。

第二十二条 运营企业应当按照企业会计准则等有关规定，加强财务管理，规范会计核算，并按规定向城市公共交通主管部门报送运营信息、统计报表和年度会计报告等信息。年度会计报告内容应当包括运营企业实际执行票价低于运营成本的部分，执行政府乘车优惠政策减少的收入，以及执行抢险救灾等政府指令性任务发生的支出等。

第二十三条 城市公共交通主管部门应当配合有关部门建立运营企业的运营成本核算制度和补偿、补贴制度。

对于运营企业执行票价低于成本票价等所减少的运营收入，执行政府乘车优惠政策减少的收入，以及因承担政府指令性任务所造成的政策性亏损，城市公共交通主管部门应当建议有关部门按规定予以补偿、补贴。

第四章　运　营　服　务

第二十四条　运营企业应当按照线路特许经营协议确定的数量、车型配备符合有关标准规定的城市公共汽电车车辆，并报城市公共交通主管部门备案。

第二十五条　运营企业应当按照有关标准及城市公共交通主管部门的要求，在投入运营的车辆上配置符合以下要求的相关服务设施和运营标识：

（一）在规定位置公布运营线路图、价格表；

（二）在规定位置张贴统一制作的乘车规则和投诉电话；

（三）在规定位置设置特需乘客专用座位；

（四）在无人售票车辆上配置符合规定的投币箱、电子读卡器等服务设施；

（五）规定的其他车辆服务设施和标识。

第二十六条　运营企业应当按照有关标准及城市公共交通主管部门的要求，在城市公共汽电车客运首末站和中途站配置符合以下要求的相关服务设施和运营标识：

（一）在规定位置公布线路票价、站点名称和服务时间；

（二）在规定位置张贴投诉电话；

（三）规定的其他站点服务设施和标识配置要求。

第二十七条　运营企业聘用的从事城市公共汽电车客运的驾驶员、乘务员，应当具备以下条件：

（一）具有履行岗位职责的能力；

（二）身心健康，无可能危及运营安全的疾病或者病史；

（三）无吸毒或者暴力犯罪记录。

从事城市公共汽电车客运的驾驶员还应当符合以下条件：

（一）取得与准驾车型相符的机动车驾驶证且实习期满；

（二）最近连续 3 个记分周期内没有记满 12 分违规记录；

（三）无交通肇事犯罪、危险驾驶犯罪记录，无饮酒后驾驶记录。

第二十八条 运营企业应当按照有关规范和标准对城市公共汽电车客运驾驶员、乘务员进行有关法律法规、岗位职责、操作规程、服务规范、安全防范和应急处置等基本知识与技能的培训和考核，安排培训、考核合格人员上岗。运营企业应当将相关培训、考核情况建档备查，并报城市公共交通主管部门备案。

第二十九条 从事城市公共汽电车客运的驾驶员、乘务员，应当遵守以下规定：

（一）履行相关服务标准；

（二）按照规定的时段、线路和站点运营，不得追抢客源、滞站揽客；

（三）按照价格主管部门核准的票价收费，并执行有关优惠乘车的规定；

（四）维护城市公共汽电车场站和车厢内的正常运营秩序，播报线路名称、走向和停靠站，提示安全注意事项；

（五）为老、幼、病、残、孕乘客提供必要的帮助；

（六）发生突发事件时应当及时处置，保护乘客安全，不得先于乘客弃车逃离；

（七）遵守城市公共交通主管部门制定的其他服务规范。

第三十条 运营企业应当按照线路特许经营协议规定的线路、站点、运营间隔、首末班次时间、车辆数、车型等组织运营。未经城市公共交通主管部门同意，运营企业不得擅自改变线路特许经营协议内容。按照第十七条规定变更协议内容签订补充协议的，应当向社会公示。

第三十一条 运营企业应当依据城市公共汽电车线路特许经营协议制定行车作业计划，并报城市公共交通主管部门备案。运营企业应当履行约定的服务承诺，保证服务质量，按照行车作业计划调度车辆，并如实记录、保存线路运营情况和数据。

第三十二条 运营企业应当及时向城市公共交通主管部门上报相关信息和数据，主要包括运营企业人员、资产等信息，场站、车辆等设施设备相关数据，运营线路、客运量及乘客出行特征、运营成本等相关数据，公共汽电车调查数据，企业政策与制度信息等。

　　第三十三条　由于交通管制、城市建设、重大公共活动、公共突发事件等影响城市公共汽电车线路正常运营的，城市公共交通主管部门和运营企业应当及时向社会公告相关线路运营的变更、暂停情况，并采取相应措施，保障社会公众出行需求。

　　第三十四条　城市公共交通主管部门应当根据社会公众出行便利、城市公共汽电车线网优化等需要，组织运营企业提供社区公交、定制公交、夜间公交等多样化服务。

　　第三十五条　发生下列情形之一的，运营企业应当按照城市公共交通主管部门的要求，按照应急预案采取应急运输措施：

　　（一）抢险救灾；

　　（二）主要客流集散点运力严重不足；

　　（三）举行重大公共活动；

　　（四）其他需要及时组织运力对人员进行疏运的突发事件。

　　第三十六条　城市公共汽电车客运场站等服务设施的日常管理单位应当按照有关标准和规定，对场站等服务设施进行日常管理，定期进行维修、保养，保持其技术状况、安全性能符合国家标准，维护场站的正常运营秩序。

　　第三十七条　运营企业应当按照国家有关标准，定期对城市公共电车触线网、馈线网、整流站等供配电设施进行维护，保证其正常使用，并按照国家有关规定设立保护标识。

　　第三十八条　乘客应当遵守乘车规则，文明乘车，不得在城市公共汽电车客运车辆或者场站内饮酒、吸烟、乞讨或者乱扔废弃物。

　　乘客有违反前款行为时，运营企业从业人员应当对乘客进行劝止，劝阻无效的，运营企业从业人员有权拒绝为其提供服务。

　　第三十九条　乘客应当按照规定票价支付车费，未按规定票价支付的，运营企业从业人员有权要求乘客补交车费，并按照有关规定加收票款。

　　符合当地优惠乘车条件的乘客，应当按规定出示有效乘车凭证，不能出示的，运营企业从业人员有权要求其按照普通乘客支付车费。

第四十条　有下列情形之一的，乘客可以拒绝支付车费：

（一）运营车辆未按规定公布运营收费标准的；

（二）无法提供车票凭证或者车票凭证不符合规定的；

（三）不按核准的收费标准收费的。

第四十一条　城市公共汽电车客运车辆在运营途中发生故障不能继续运营时，驾驶员、乘务员应当向乘客说明原因，安排改乘同线路后序车辆或者采取其他有效措施疏导乘客，并及时报告运营企业。

第四十二条　进入城市公共汽电车客运场站等服务设施的单位和个人，应当遵守城市公共汽电车场站等服务设施运营管理制度。

第四十三条　运营企业利用城市公共汽电车客运服务设施和车辆设置广告的，应当遵守有关广告管理的法律、法规及标准。广告设置不得有覆盖站牌标识和车辆运营标识、妨碍车辆行驶安全视线等影响运营安全的情形。

第五章　运营安全

第四十四条　运营企业是城市公共汽电车客运安全生产的责任主体。运营企业应当建立健全企业安全生产管理制度，设置安全生产管理机构或者配备专职安全生产管理人员，保障安全生产经费投入，增强突发事件防范和应急处置能力，定期开展安全检查和隐患排查，加强安全乘车和应急知识宣传。

第四十五条　运营企业应当制定城市公共汽电车客运运营安全操作规程，加强对驾驶员、乘务员等从业人员的安全管理和教育培训。驾驶员、乘务员等从业人员在运营过程中应当执行安全操作规程。

第四十六条　运营企业应当对城市公共汽电车客运服务设施设备建立安全生产管理制度，落实责任制，加强对有关设施设备的管理和维护。

第四十七条　运营企业应当建立城市公共汽电车车辆安全管理制度，定期对运营车辆及附属设备进行检测、维护、更新，保证其处于良好状态。不得将存在安全隐患的车辆投入运营。

第四十八条　运营企业应当在城市公共汽电车车辆和场站醒目位置设置安全警示标志、安全疏散示意图等，并为车辆配备灭火器、安全锤等安全应急设备，保证安全应急设备处于良好状态。

第四十九条　禁止携带违禁物品乘车。运营企业应当在城市公共汽电车主要站点的醒目位置公布禁止携带的违禁物品目录。有条件的，应当在城市公共汽电车车辆上张贴禁止携带违禁物品乘车的提示。

第五十条　运营企业应当依照规定配备安保人员和相应设备设施，加强安全检查和保卫工作。乘客应当自觉接受、配合安全检查。对于拒绝接受安全检查或者携带违禁物品的乘客，运营企业从业人员应当制止其乘车；制止无效的，及时报告公安部门处理。

第五十一条　城市公共交通主管部门应当会同有关部门，定期进行安全检查，督促运营企业及时采取措施消除各种安全隐患。

第五十二条　城市公共交通主管部门应当会同有关部门制定城市公共汽电车客运突发事件应急预案，报城市人民政府批准。

运营企业应当根据城市公共汽电车客运突发事件应急预案，制定本企业的应急预案，并定期演练。

发生安全事故或者影响城市公共汽电车客运运营安全的突发事件时，城市公共交通主管部门、运营企业等应当按照应急预案及时采取应急处置措施。

第五十三条　禁止从事下列危害城市公共汽电车运营安全、扰乱乘车秩序的行为：

（一）非法拦截或者强行上下城市公共汽电车车辆；

（二）在城市公共汽电车场站及其出入口通道擅自停放非城市公共汽电车车辆、堆放杂物或者摆摊设点等；

（三）妨碍驾驶员的正常驾驶；

（四）违反规定进入公交专用道；

（五）擅自操作有警示标志的城市公共汽电车按钮、开关装置，非紧急状态下动用紧急或安全装置；

（六）妨碍乘客正常上下车；

（七）其他危害城市公共汽电车运营安全、扰乱乘车秩序的行为。

运营企业从业人员接到报告或者发现上述行为应当及时制止；制止无效的，及时报告公安部门处理。

第五十四条　任何单位和个人都有保护城市公共汽电车客运服务设施的义务，不得有下列行为：

（一）破坏、盗窃城市公共汽电车车辆、设施设备；

（二）擅自关闭、侵占、拆除城市公共汽电车客运服务设施或者挪作他用；

（三）损坏、覆盖电车供电设施及其保护标识，在电车架线杆、馈线安全保护范围内修建建筑物、构筑物或者堆放、悬挂物品，搭设管线、电（光）缆等；

（四）擅自覆盖、涂改、污损、毁坏或者迁移、拆除站牌；

（五）其他影响城市公共汽电车客运服务设施功能和安全的行为。

第六章　监督检查

第五十五条　城市公共交通主管部门应当建立"双随机"抽查制度，并定期对城市公共汽电车客运进行监督检查，维护正常的运营秩序，保障运营服务质量。

第五十六条　城市公共交通主管部门有权行使以下监督检查职责：

（一）向运营企业了解情况，要求其提供有关凭证、票据、账簿、文件及其他相关材料；

（二）进入运营企业进行检查，调阅、复制相关材料；

（三）向有关单位和人员了解情况。

城市公共交通主管部门对检查中发现的违法行为，应当当场予以纠正或者要求限期改正；对依法应当给予行政处罚、采取强制措施的行为，应当依法予以处理。

有关单位和个人应当接受城市公共交通主管部门及其工作人员依法实施的监督检查，如实提供有关材料或者说明情况。

第五十七条　城市公共交通主管部门应当建立运营企业服务质量评价

制度，定期对运营企业的服务质量进行评价并向社会公布，评价结果作为衡量运营企业运营绩效、发放政府补贴和线路运营权管理等的依据。

对服务质量评价不合格的线路，城市公共交通主管部门应当责令相关运营企业整改。整改不合格，严重危害公共利益，或者造成重大安全事故的，城市公共交通主管部门可以终止其部分或者全部线路运营权的协议内容。

第五十八条　城市公共交通主管部门和运营企业应当分别建立城市公共交通服务投诉受理制度并向社会公布，及时核查和处理投诉事项，并将处理结果及时告知投诉人。

第五十九条　城市公共交通主管部门应当对完成政府指令性运输任务成绩突出，文明服务成绩显著，有救死扶伤、见义勇为等先进事迹的运营企业和相关从业人员予以表彰。

第七章　法　律　责　任

第六十条　未取得线路运营权、未与城市公共交通主管部门签订城市公共汽电车线路特许经营协议，擅自从事城市公共汽电车客运线路运营的，由城市公共交通主管部门责令停止运营，并处 2 万元以上 3 万元以下的罚款。

第六十一条　运营企业违反本规定第二十五条、第二十六条规定，未配置符合要求的服务设施和运营标识的，由城市公共交通主管部门责令限期改正；逾期不改正的，处 5000 元以下的罚款。

第六十二条　运营企业有下列行为之一的，由城市公共交通主管部门责令限期改正；逾期未改正的，处 5000 元以上 1 万元以下的罚款：

（一）未定期对城市公共汽电车车辆及其安全设施设备进行检测、维护、更新的；

（二）未在城市公共汽电车车辆和场站醒目位置设置安全警示标志、安全疏散示意图和安全应急设备的；

（三）使用不具备本规定第二十七条规定条件的人员担任驾驶员、乘务员的；

（四）未对拟担任驾驶员、乘务员的人员进行培训、考核的。

第六十三条 运营企业未制定应急预案并组织演练的，由城市公共交通主管部门责令限期改正，并处 1 万元以下的罚款。

发生影响运营安全的突发事件时，运营企业未按照应急预案的规定采取应急处置措施，造成严重后果的，由城市公共交通主管部门处 2 万元以上 3 万元以下的罚款。

第六十四条 城市公共汽电车客运场站和服务设施的日常管理单位未按照规定对有关场站设施进行管理和维护的，由城市公共交通主管部门责令限期改正；逾期未改正的，处 1 万元以下的罚款。

第六十五条 违法携带违禁物品进站乘车的，或者有本规定第五十三条危害运营安全行为的，运营企业应当报当地公安部门依法处理。

第六十六条 违反本规定第五十四条，有危害城市公共汽电车客运服务设施行为的，由城市公共交通主管部门责令改正，对损坏的设施依法赔偿，并对个人处 1000 元以下的罚款，对单位处 5000 元以下的罚款。构成犯罪的，依法追究刑事责任。

第六十七条 城市公共交通主管部门不履行本规定职责、造成严重后果的，或者有其他滥用职权、玩忽职守、徇私舞弊行为的，对负有责任的领导人员和直接责任人员依法给予处分；构成犯罪的，依法追究刑事责任。

第六十八条 地方性法规、政府规章对城市公共汽电车客运违法行为需要承担的法律责任与本规定有不同规定的，从其规定。

第八章　附　则

第六十九条 县（自治县、旗、自治旗、团场）开通公共汽电车客运的，参照适用本规定。

第七十条 经相关城市人民政府协商开通的毗邻城市间公共汽电车客运，参照适用本规定。

第七十一条 本规定自 2017 年 5 月 1 日起施行。

后　记

　　为规范城市公共汽车和电车客运活动，保障运营安全，提高服务质量，促进城市公共汽车和电车客运事业健康有序发展，依据《国务院关于城市优先发展公共交通的指导意见》（国发〔2012〕64 号），交通运输部于 2017 年 3 月 7 日颁布了《城市公共汽车和电车客运管理规定》（交通运输部令 2017 年第 5 号，以下简称《规定》），自 2017 年 5 月 1 日起施行。为配合做好《规定》的贯彻实施，我们编写了《〈城市公共汽车和电车客运管理规定〉释义》。

　　在本书的编写过程中，得到了北京市交通委员会运输管理局、江苏省交通运输厅运输管理局、浙江省道路运输管理局、福建省运输管理局、江西省公路运输管理局、湖北省交通运输厅道路运输管理局、广东省道路运输管理局、武汉市公交管理办公室、常州市交通运输局、常州市运输管理处、交通运输部科学研究院等各有关方面的大力支持，各有关单位调派业务骨干同志参与本书的编写工作，相关单位的负责同志全文审阅了书稿，并提出了宝贵的修改意见和建议，对于完成本书编写任务发挥了重要作用。除参与本书审定和编写的同志外，交通运输部科学研究院城市交通研究中心杨新征、彭虓、安晶、赵屾、许飒、杜云柯等同志，以及人民交通出版社股份有限公司道路运输出版中心何亮、钟伟、杨丽改等同志，为本书的出版做出了积极贡献。在此，一并向有关单位和有关人员表示感谢。

本书编写组
2017 年 4 月